名师工程
优化教学系列

新课程 新理念 新教学
丛书编委会主任：马立 宋乃庆

高效教学方法的优化策略

任　辉◎编著

西南师范大学出版社
全国百佳图书出版单位　国家一级出版社

图书在版编目（CIP）数据

高效教学方法的优化策略/任辉编著. —重庆：
西南师范大学出版社，2013.2
（名师工程系列丛书）
ISBN 978-7-5621-6152-3

Ⅰ.①高…　Ⅱ.①任…　Ⅲ.①中小学—教学法
Ⅳ.①G632.4

中国版本图书馆 CIP 数据核字（2013）第 022668 号

名师工程系列丛书
编委会主任：马　立　宋乃庆
总策划：周安平
策　划：李远毅　卢　旭　郑持军　郭德军

高效教学方法的优化策略
任　辉　编著

责任编辑：钟小族　李　平
封面设计：天之赋设计室
出版发行：西南师范大学出版社
　　　　　　地址：重庆市北碚区天生路 1 号
　　　　　　邮编：400715　市场营销部电话：023-68868624
　　　　　　http://www.xscbs.com
经　　销：新华书店
印　　刷：重庆五环印务有限公司
开　　本：787mm×1092mm　1/16
印　　张：14.25
字　　数：192 千字
版　　次：2013 年 6 月　第 1 版
印　　次：2013 年 6 月　第 1 次印刷
书　　号：ISBN 978-7-5621-6152-3

定　　价：30.00 元

编者的话

当前，以人为本的教育理念正在逐步深化，素质教育以及基础教育课程改革不断推进。在这场深刻又艰苦的教育改革中，涌现了无数甘为人梯、乐于奉献的优秀教师。他们积极探索、更新观念、敢于创新、善于改革，在实践中创造性地发展、总结了很多先进的教育思想、教育理念；创造性地开发了很多新的教学模式、教学内容和教学方法。这些新思想、新模式、新方法在实践中极大地提高了教学质量，是教育改革实践中的新内涵和宝贵财富。这些优秀教师就是我们的名师，这些新内涵就是名师的核心教育力。整理、总结、发展、推广这些教育新内涵，是深化教育改革、完善教育体制、提高教育质量、提升教师水平的一件大事。

教育，是民族振兴的基石；教师，是教育发展的根基。

胡锦涛总书记在全国优秀教师代表座谈会上指出："教师是人类文明的传承者。推动教育事业又好又快发展，培养高素质人才，教师是关键。没有高水平的教师队伍，就没有高质量的教育。"十七大报告又进一步强调了必须加强教师队伍建设，不断提高教师的素质。当今世界，社会进步一日千里，科技发展日新月异，知识更新的周期越来越短。教师作为"文明的传承者"更要与时俱进，刻苦钻研、奋发进取，尽快提升自身素质和能力，为推动教育事业的健康发展贡献自己的力量。

基于以上，西南师范大学出版社策划、组织出版了大型系列教育丛书——《名师工程》。希望通过总结名师的创新经验、先进理念，宣传名师的核心教育力，为广大教师职业生涯提供精神源泉和实践动力，在教育实践层面切实推动从教者职业素养的提升。通过《名师工程》实现"打造名师的工程"。

丛书在策划、创作过程中力求实现以下特色：

一、理念创新，体现教育的人本精神

教师角色在以人为本的教育理念下发生了重大的变化，教师的素质和能力也面临更高的要求。如何弘扬、培植学生的主体性、增强学生的主体意识、发展学生的主体能力、塑造学生的主体人格等问题成为教师在目前教育中亟待解决的难题。丛书以教育管理者和教师为主要读者对象，通过教师综合素质的提高而将人本教育的思想落实到教育实践中，真正实现教育培养人、塑造人、发展人的本质要求。

二、全面构建，系统提升教师的教育能力

丛书选题的最大特点就是系统、全面地针对教师教育能力的提升而展开。施教者的能力决定教育的效果，教育改革的落实、教育效果的提高无不体现在教师身上。丛书针对不同教育能力、不同教学要求、不同教育对象，有针对性地设置选题。棘手学生、课堂切入、引导艺术、班主任的教导力、互动艺术、课堂效率、心灵教育等等，这些鲜明的主题从教育的细节出发，从教育实际情况出发，有针对性地解决问题，让教师在阅读中学有所指、读有所获。

三、科学权威，体现教育的时代前沿性

丛书邀请全国各地著名的教育工作者执笔，汇集在教育改革与实践中涌现的先进理念、成果和方法，经过专家认真遴选、评点总结而成，代表了目前教育实践中先进的教育生产力，具有时代前沿性，是广大一线教师学习、借鉴的好素材。

四、注重实践，突出施教的实用价值

丛书采用了通俗的创作方法，把死板的道理鲜活化，把教条的写法改变为以案例为主，分析、评点为辅，把最先进的教育理念和方法融入有趣的情境中。经典的案例，情境式的叙述，流畅的语言，充满感情的评述，发人深省的剖析，娓娓道来、深入浅出，让教师更充分地领会先进、有效的教育方法。

在诸多教育、出版界同仁的支持与努力下，《名师工程》陆续推出了《名师讲述系列》《教学提升系列》《教学新突破系列》《高中新课程系列》《教师成长系列》《大师讲坛系列》《教育细节系列》《创新语文教学系列》《教育管理力系列》《教师修炼系列》《创新数学教学系列》《教育通识系列》《教育心理系列》《创新课堂系列》《思想者系列》《名师名课系列》《幼师提升系列》《优化教学系列》《教研提升系列》《名校长核心思想系列》《名校工程系列》《高效课堂系列》《班主任专业化系列》等系列，共130多个品种，后续图书也将陆续出版。

丛书在出版创作过程中得到各地、各级教育部门与教育工作者的大力支持与帮助，在此一并表示感谢！

教育事业是全社会共同的事业，本丛书的出版一方面希望能对广大教育工作者有所帮助，共绘先进成果；另一方面也是抛砖引玉，希望更多的教育工作者参与到出版创作中来，百家争鸣、百花齐放，为促进教育事业的发展共同努力！

目 录

高效教学方法的优化策略

序言
Foreword

在本书即将交稿之际，往事历历在目，若从 1995 年成为一名教学论专业的研究生算起，我结缘教学论有近 16 个年头了，其间担任教学论的教学工作也有 7 年。作为一名教师，我深感教学方法的重要，如果把整个教学过程概括为"为什么教""教什么""怎么教"及"怎么学""教与学的效果如何"这几个问题的话，那么其中"怎么教"和"怎么学"的问题（尤其是"怎么教"）即是由教学方法来回答的。良好的教学方法能够把教师活动与学生活动很好地联系起来，它以教学内容为凭借，直指教学任务，从而保证教学目标的落实。科学地运用教学方法，能够提高教学质量，发展学生的心智。相反，对教学方法的误用或滥用会使课堂高耗低效，把课堂变成学生"心智的屠宰场"。

作为一名教学论方面的教师，我深感能够娴熟地、科学地运用教学方法尤为重要，因为教学论教师本身就是教学理论的一块招牌，如果其不具备全新的教学理念，不善于运用教学方法，不能给学生一个最直接的模仿样式，那岂不是对教学论的一个最大的讽刺？于是，在完成从学生到教师角色的转换之后，我便开始有意识地去翻阅有关教学方法资料，并努力用理论去指导自己的教学实践。在翻阅大量的相关资料之后，我也渐渐感受到，由于学科性质的限制，教学论中所讲的教学方法多是重理论、轻应用的。怎样更好地把理论运用到自己的教学实践之中去，成为困扰我的一个问题。在进行继续教育培训的过程中，我也发现，和我有着同样困惑的中小学教师也不在少数，他们缺少的不是对各种方法的概念、优势、功能等的了解，而是不知道怎样更好地在课堂中加以实施，于是我就有了"能不能写一本实用性强的教学理论书"的模糊想法，但由于一方面觉得自己没有资历去谈这个问题，另一方面确实还没有太清晰、成型的东西可写，所以这个想法一直都未去落实。2010年，我的导师高恒利先生向我提起编写这套书的事，并介绍我与此套书的主编田福安先生相识，我在忐忑加欣喜的心情下接下了这个任务，模糊的想法才得以慢慢变为现实。

《高效教学方法的优化策略》以中小学教师为读者群，由于这些教师在从业之前都受过专门的教师培训，对教学方法都进行过系统的理论学习，所以我编写这本书并不强调知识体系，不强调理论的深厚。本书没有对教学方法的概念进行系统的介绍，也没有把各种对教学方法的分类以及选择教学方法的标准介绍进来，因为这些内容在各个版本的教学论中都存在，教师们如果需要，可以直接查询。本书只是选取中小学最常用的几种教学方法，对于每一种方法，我们更多的是关注如何高效运用。

本书共八章，分别介绍了讲授法、演示法、问答法、讨论法、练习法、案例教学法、合作学习法和探究学习法八种教学方法。其中，前五种方法属于具体的教学方法，在这五种教学方法中，讲授法和演示法是以教师显性活动为主的教学方法，问答法和讨论法是以师生交流为主的教学方法，练习法是以学生显性活动为主的教学方法。案例教学法、合作学习法和探究学习法属于综合性教学方法，教师在运用某种教学法的过程中，会用到其他的教学方法。案例教学法是从教师的角度命名的，而合作学习法和探究学习法是从学生的角度命名的。

本书是集体智慧的结晶，其中第一章讲授法、第三章问答法和第七章合作学习法由我执笔；第二章演示法由东北师范大学学术期刊社黄晓娜执笔；第四章讨论法由天津师范大学教育学院熊娅执笔；第五章练习法、第六章案例教学法和第八章探究学习法由天津师范大学课程中心的唐小玲执笔。全书由我统稿。

本书在成稿的过程中得到很多人的鼓励和支持，在此表示感谢！感谢田本娜老先生对我的提醒、鼓励、殷殷期望以及所提出的宝贵建议；感谢我的导师高恒利先生，是他的督促使得这本书得以诞生；感谢田福安先生；感谢和我一起奋斗的几位编写者；感谢我的家人近一年来从时间到精神上给予我的支持。

由于水平有限，本书还有很多不足的地方，真诚欢迎读者批评指正！

任　辉

讲授法

　　讲授法是历史悠久的教学方法，随着时代的发展，它不断得到丰富与发展。然而，在当今时代，对讲授法的运用却遇到了挑战，如何对讲授法进行优化，是教师在教学中必须认真思考的。

一、讲授法概述

讲授法是教师通过口头语言向学生描绘情境、叙述事实、解释概念、论证原理和阐明规律的教学方法。它通常有讲述、讲解、讲评、讲读和讲演五种基本形式。

讲授法是一种历史悠久的教学方法，可以说它是随教育的产生而产生、随教育的发展而发展的。原始社会生产力低下，人们都必须从事生产劳动才能维持生存，那时没有专门的教育机构，也没有专门的教师和专门受教育的学生，教育和生产、生活融为一体，口耳相传生产与生活的经验是教育最主要的形式，这可以说是讲授法的雏形。奴隶社会学校开始出现，由于当时的学校服务于少数人，讲授法也成了服务于特权人的教育活动方式，其主要与个别教学相联系，在运用上也带有偶然性，与背诵、抄写、谈话等相比较，并不是主要的方法，而且本身的形式呆板，说不上什么规范和科学。从孔夫子到朱熹，从苏格拉底到洛克，讲授法没有什么根本性的变化。

到了工业社会，为适应机器大生产，教育必须培养大批有熟练技能的工人，快速地使教育对象获得科技知识成为这个时期的主要任务。这样，个别教学组织形式已远远不能满足社会的需要，在这种背景下，班级授课制则应运而生。1632年，捷克教育家夸美纽斯出版了著作《大教学论》，在书中提出"把一切事物教给一切人"的宏观构想，并对班级授课制作了系统的论述。班级授课制的确立使讲授法完成了质的飞跃，成为最基本和最主要的教学方法。后又经过赫尔巴特、凯洛夫等无数教育者的探索与改革尝试，尤其是奥苏贝尔直接从理论上对它进行论述，使这一方法本身获得了迅速、本质的突破。不仅是它自身的要求与规范逐渐形成，而且它和其他方法相结合，不断焕发出勃勃生机。

与其他教学方法相比，讲授法具有高效、便捷、易控等优势，正因为这样，讲授法一直是教师运用最多的教学方法。但任何事物都有两面性，讲授法在具有自身优势的同时，它在运用时也有其显而易见的不足。比如，不利于学生探究精神和动作技能的形成；学生学过的知识容易遗忘；运用不好容易变成"注入式教学"。正因为有这些方面的不足，人们在经常运用讲授法的同时，又对它有这样或那样的微词。本章通过两个案例，分析当前教学过程中对讲授法的一些运用，澄清人们对讲授法的误解，探讨如何更好地优化讲授法。

有些教师不管在平时用什么方法进行教学，一旦上公开课，就尽量运用合作法、探究法等，讲授法是万万不敢多用的，因为害怕一讲就成了注入式教学了，方法就不新颖了，更何况新课程倡导自主、合作、探究式学习。那么，是不是讲授法就是注入式教学方法呢？在新课程倡导自主、合作、探究的背景下，讲授法真的是无用武之地了吗？我们通过分析二者的区别及讲授法的功能来探讨。

1. 讲授法和注入式教学法辨析

我们先来看看什么是注入式教学。注入式教学亦称"填鸭式教学"，指在教学过程中，教师视学生为接受知识的容器，不顾他们的知识基础、理解能力和学习兴趣，用强制的方法向学生灌输知识，并要求他们死读硬记。由此可以看出，注入式教学法不是一种具体的教学方法，其实质是强塞硬灌，学生没有思维的过程。那么，讲授课在什么样的条件下才不会导致学生机械学习呢？美国教育心理学家奥苏贝尔给了我们回答。在奥苏贝尔看来，学生是否能够习得新知识，主要取决于他们认知结构中已有的有关概念，有意义学习是通过新信息与学生认知结构中已有的有关概念相互作用才得以发生的。有的教师在学生还没有具备起固定作用的概念之前，就要求他们学习新内容，这使得教学失去了潜在意义。奥苏贝尔认为，在教学时有三种变量是值得关注的：（1）学生认知结构中能与新材料建立联系的有关概念是否可以利用，如果这些概念可以利用，就为学习提供了必要的固定点；（2）原有的概念与要学习的新概念之间区别程度如何，即要防止对新旧概念的混淆，使新概念能够作为独立的实体保持下来；（3）认知结构中起固定点作用的概念是否稳定、清晰。这些既影响到教师为新知识提供的固定点的强度，也影响到学生能否对新旧概念作出区分。

为此，他建议在安排学习内容时要注意两个方面：（1）要尽可能地先传授学科中最具有概括性和最有说服力的概念和原理，以便学生能对学习内容加以组织；（2）要注意渐进性。

奥苏贝尔还认为，目前很多学习内容过于分散，迫使学生强行记忆，无法真正理解知识之间的组织和关系。

2. 讲授法的功能

任何教学方法都有其特定的功能，讲授法的功能对学生来说，至少有两个方面：

（1）能够帮助学生习得、消化新知识，拓展认知结构。教师通过说明是什么或怎么做，使学生明白、理解某个概念、程序和规则；或者通过解释原因、说明理由，使学生理解、掌握新的知识，扩展原有的观念框架，获得系统完整的知识。

（2）培养学生倾听、思考的习惯。教师通过分析、解释把加工整理过的知识传授给学生，促使学生倾听。善于倾听是一种修养，也是一种能力，看似简单的倾听，事实上包含着辨音、理解和判断的过程。能够听清楚别人说的话，才能够理解对方说话的含义、要点以及感情色彩，并能很快判断出对方观点正确与否、目的性等。现在，很多孩子，甚至是大学生都不会倾听，听课抓不住重点，不会辨别。讲授法在培养学生倾听方面有得天独厚的优势。静心不是呆听死记，事实上教学中的听课是一种批判性的听，也就是学生的思维在和老师的思维发生碰撞。我们通常把师生间、生生间的外显性交流叫教学互动，事实上隐性交流也是一种互动，是一种基于思维碰撞的深层互动。在这种深层互动中，学生学会了思考，也学会了教师的思考方法。

中小学生是以学习间接知识为主的，为了达到社会的要求，需要学习大量的知识，因此无论是新课程还是旧课程，讲授法都不可避免地会运用到。

3. 如何正确运用讲授法

一般来说，讲授法可以在教学的任何阶段运用。在教学起始环节，可以用于介绍学生不了解但又必须了解的背景知识。在教学过程中，可以讲解学生解决不了的难点，提示学生注意容易忽略的基本原理、概念和定义，帮助学生辨别容易混淆的知识。教学结束时，可以用于帮助学生归纳、总结和概括所学的知识体系等。一般在以下条件下用讲授法较好：

（1）教学目标为促进学生理解、记忆新知识

讲授法是教师用口头语言系统传授信息的方法，在这个过程中，教师基本上是把要传递的信息加工好、组织好，然后传递给学生的，学生只需要对教师所讲的内容进行理解、记忆即可。因此，如果教学目标是训练学生的技能或者是培养学生的探究精神等，运用讲授法则不合适。

（2）教学内容为有适当难度的陈述性知识

信息加工心理学家同意把人类习得的知识分为两大类：陈述性知识、程序性知识。陈述性知识是回答"是什么"的知识，比如"美国

的首都在哪里""第二次世界大战的原因""人的心脏结构和血液循环有什么关系"等，这些知识往往以定论的、间接的形式存在，教学的时候可以采用讲授法，使学生理解并内化这部分内容。

但并不是所有陈述性知识都需要讲授。一般来说，有一定难度的陈述性知识才需用讲授法。这个难度是以学生的认知水平作为参照的，教学内容难度和学生认知水平相当。学生自己能够读通、弄懂的，如果教师大讲特讲，一方面会造成学生厌烦，另一方面也会浪费时间，这样的内容可以运用自学指导法来进行教学。如果教学内容难度过大，远远超过了学生的认知水平，即使教师怀着一腔美好的愿望，深挖多讲，学生不但听不明白，还会产生挫败感，丧失学习积极性，这样的内容就不讲。学生已经会的内容，也不用花时间去讲。要讲的是学生自己学习有一定的困难，但经过教师的讲解学生会豁然开朗的那部分内容。

当然，也有特殊情况，有时尽管教学内容难度不大，但却易被学生忽视的基本原理、定律或者易被学生混淆的相关词语、概念，也需要讲授，以提醒学生注意。

（3）教学对象有较高的学习自觉性和听讲能力

讲授法看起来就是教师讲、学生听，似乎学生要做的事很简单，只是听就可以了。而事实上，要听懂教师讲的内容，还需要有语音辨别、意义提取、思维加工等心理过程，这就需要学生有相应的能力，否则，运用讲授法很难奏效。从这个角度来看，这种方法更适用于中学或小学高年级。对于年龄较小的孩子，教师在讲授的时候应尽量配合其他直观的教学方法。

（4）学生没有现成资料

如果学生手中有现成的资料，这种学习材料为描述性材料，同时学生又有相应的阅读能力的话，我们可以运用读书指导法，但是某些内容（如时事及学科的最新发展、研究的前沿状况等）不可能很快地从印刷品或其他形式的媒介中得到，此时用讲授法就较好。

（5）教学条件有一定限制

对教学方法的选择除了受教学目标、教学内容、教师特质和学生特征的限制外，还受到教学时间、班额大小以及教学设备的影响。假如教学时间有限，而教学内容又相对较多，或者班额在40人以上，或者除了粉笔、黑板没有其他的教学设备，就可以运用讲授法。

二、讲授法的案例展示及分析

案例一

《雨霖铃》教学实录①

师：古人云："天下没有不散的筵席。"

（说话之间，教师将大屏幕的内容更新，读屏幕上的内容）

黯然销魂者，唯别而已矣！——［南朝·梁］江淹《别赋》

相见时难别亦难，东风无力百花残。——［唐朝］李商隐《无题》

师：这些都是描述别离的诗句，那么分别时会产生什么样的感受？

（指名答）

生：难受。

师：会想到什么？

（大家都沉默了几秒钟，又指一名学生回答）

生：会想起以前的感情，以后还能不能再一次见面。

师：嗯，别离有许多种方式。为此，古人写别离的诗词也有许多种。

（教师更换了屏幕内容，师生一起看大屏幕）

＊"风萧萧兮易水寒，壮士一去兮不复返。"这是燕太子丹与刺客

---

① 秦积翠.讲授法研究［D］.西北师范大学，2007.

荆轲之间的"壮别"。

＊"劝君更尽一杯酒，西出阳关无故人。"这是王维与孟浩然之间的"酒别"。

＊"听得道一声'去也'，松了金钏；遥望见十里长亭，减了玉肌。"这是崔莺莺与张生之间的"情别"。

＊"生人作死别，恨恨那可论？念与世间辞，千万不复全。"这是焦仲卿与刘兰芝之间的"生死别"。

师：今天我们学习柳永的《雨霖铃》，首先看解题。（屏幕上已经显示出来，师生共看大屏幕）

解题：《雨霖铃》，本是唐代教坊（古代管理宫廷音乐的官署）的大曲，后用为词牌名。相传此曲为唐玄宗所创，安史之乱时，唐玄宗避难蜀中，经过秦岭栈道，耳闻铃声，勾起了往事，"采其声为《雨霖铃》曲"，悼念杨贵妃，以寄托哀思。所以这支曲子本来就是寄托相思的，情调极尽哀怨。柳永充分利用这一词调声情哀怨的特点来写离情。

（屏幕上显示《雨霖铃》全词）

师：下面大家齐声朗读一下全词，"寒蝉凄切"，开始——

（生一起朗读，仍有节奏不太协调的地方）

师：注意这几个字的发音。（指着大屏幕上标出拼音的字）

师：那么，词中哪几句话可以看出是"离别"？

生：多情自古伤离别。

师：全词的基调是悲伤、低沉的，描写柳永和谁的一次别离？从哪里可以看出？

生：与女朋友。

（下面有学生在偷偷地笑）

师：心上人。为什么柳永要离开心上人呢？

师：柳永是个放荡之人，与歌女在一起。（转换了大屏幕的内容，老师读大屏幕上的柳永简介）

师：词中写了哪几个时间段的别离场景？要抓住关键词。

生：三个。

师：哪三个？

（生低头不语）

师：是三个。（板书：别前　别时　别后）

师：天气状况是暴雨刚刚停，从"寒蝉凄切"看出是秋季，寒蝉是秋后的蝉。抒发了作者怎样的心情？

生：忧愁、哀伤。

师：借景抒情。蝉声真的凄切吗？实际上是人的心情悲切。

师：饮酒时心情好不好？不好，因为"都门帐饮无绪"。

师：正当难舍难分时，"留恋处，兰舟催发"。

师：怎样描绘作者的矛盾心理？执手相看，默默无语。相对无语，只有泪成行。只身一人远走他乡，表现了恋人之间的难舍难分。《红楼梦》中是怎样描写林黛玉和贾宝玉这一对恋人之间的感情的呢？

（大屏幕出示表达恋人之间感情的句子）

师：这些都是表达恋人之间细腻感情的句子。林黛玉真是想让贾宝玉改了吗？联系《雨霖铃》来回答。

（学生低头不语，似乎等待老师回答）

师：这实际上是一种虚写。大家一起朗读一下下阕。

（生朗读下阕）

师：下阕写了什么？

生：写诗人别离后的情感。

师：从哪儿看出别离后的情感？"今宵酒醒何处"是一种虚写，表达了诗人对自己的前途感到迷茫和对心上人的挂念。"杨柳岸，晓风残月"，古人有以柳送别的说法，以"柳"送别的诗句很多。

（大屏幕出示以"柳"送别的诗句，学生参差不齐地念着屏幕上的诗句）

师：这些都是思乡和圆月相联系的诗句，这样的诗句还有很多，同学们可以下去自己查阅。"应（yīng）是良辰好景虚设"，为什么越是美好的日子，作者越伤感呢？

生：他自己一个人感到很孤单。

师：对，美好的时刻没有一起分享的人，可以说是形影相吊。

（老师边讲边板书：上阕→别前→实写　别时→实写　下阕→别后→虚写）

师：好，我们来总结一下这首词的写作特点。（板书：①借景抒情，融情入景。②虚实相生）同学们再把这首词齐声朗读一遍，再体会一下。

（下课铃响了）

师：今天的作业就是背会全词。

案例二

《雨霖铃》教学实录

师：这节课我们来学习宋词《雨霖铃》，重点是赏析。前面我介绍了宋词婉约派的词风、写作特点，还有如何去赏析、鉴赏这一类词。一首词如同一篇文章一样，应该从整体上去把握它的基本内容，然后再去体会这种词风。婉约派的词是以抒情为主的，它跟前面学过的豪放派的词感情基调是不同的。概括起来讲，豪放派的感情基调是——

生：（齐答）高昂的。

师：对，是高昂的，而婉约派的词是低沉的。它大都是写"男女恋情，离情别绪"，写得悲悲切切、惨惨凄凄。关于作者柳永，请大家看课文注释。他的字是耆卿，原名三变，宋朝崇安（现在的福建省崇安县）人，北宋著名词人。他创作了大量的慢词，在词的发展史上有重大贡献。他本人仕途很坎坷，50岁才中进士，后来做过屯田员外郎，（板书）古人称他为"柳屯田"，如称杜甫"杜工部"一样。他的词写的多是离情别绪、羁旅行役，感情纯真、大胆，善于铺叙、白描。他向民间学习，促进了诗词的通俗化和口语化，他的词艺术成就很高，被历代词评家高度赞扬，如"状难状之景，达难达之情"。（板书）大家都知道，感情是很难状写、很难传达的，但是柳永善于状写与传达这种细腻丰富的儿女之情。下面，我们就借助所掌握的知识来赏析这首词。

师：我们都知道，诗词有一个重要的特点——传情达意，就是以情入景，以情带景，情景紧紧交融在一起。下面大家齐读课文，注意从整体认知的角度去感知词的基本内容和感情基调。

（教师领读，学生齐读）

师：经过整体认知，我们首先来把握文章的内容。刚才我们已经说过，柳永的词多写羁旅行役、离情别绪。那么，本词从整体上看，写的是什么呢？

生：写作者和恋人在长亭话别的场景。

师：好。你说到了要点，根据上面的介绍，作者写的就是——

生：离情别绪。

师：对，离情别绪。（板书）其实就是写离别的场面，抒离别的情绪，传统的诗词善于借助某种场景去抒情。从形式上看，词分为上、下阕，也就是上、下片，也相当于"章"。词是用来歌唱的，有曲子，所以词又叫"曲子词"。先有曲，后填词，同一曲可填不同的词，这是词的形式特点。本词写离情，具体来说，它分别写了哪几个场面？如何抒发离情？

（学生看书，埋首思索，看样子未能读通全文，于是教师提示）

师：词的上片，开头写分别的时间、地点，然后写长亭送别，再写"帐饮"、船家催促。整体看，写的是——

生：（部分）离别的场面。

师：对，离别场面。（板书）词的上片写的是一对恋人离别的场面。夫妻可算是恋人，红尘知己也是恋人，从作者的身份、背景来看，这里应该是他的红粉知己。柳永这一段时间，生活很不得意，常在歌楼、酒楼、青楼出入，但他很有才华，结交了一些红粉知己。这正如姜夔在《扬州慢》里说杜牧"豆蔻词工，青楼梦好"一样。词人正是抓住恋人离别这一场面去叙写铺陈和抒情的，可谓淋漓尽致。

师：哪句话点出了两人的离别？

生：（全体）念去去，千里烟波，暮霭沉沉楚天阔。

师：那么，从这里开始，作者写景又有什么特点呢？从"千里烟波""暮霭沉沉"到"杨柳岸""晓风残月"，再到"经年"之后的"良辰好景虚设"，这些都是写景，但上下片写的景不同。上片写的是实景，即眼前所见之景。那么下片所写之景是不是眼前所见的景呢？

生：当然不是。

师：下片写的景物是——

生：虚景。

师：对，这里写的是设想的、别后的情景。（板书）由此可见，词的第二片写的是虚景。（板书）它往往是作者由眼前的景物想到以前的景物，由眼前回到过去，联想起过去的人和事，或者由眼前的景物联想到未来的景物，这种写法叫联想。词的下片是设想别后的景物，是"虚笔"。但这些设想的景物写得很真实、很细腻，如同实景，这种手法叫虚笔实写。

师：本文的感情基调是什么呢？抒情的方式有两种：一种是间接抒情，即通过景物描写来表达感情；一种是直接抒情，就是将心中感情直接表达出来，也叫直抒胸臆。那么，词中有无直接抒情的地方？

生：（全体）有。

师：是哪一句？

生：（全体）多情自古伤离别，更那堪，冷落清秋节。

师：从这句话我们可以看出作者离别时的情绪，用一个字概括，就是——

生：（全体）伤。

师：（板书"伤"）一个"伤"字奠定了全词的感情基调。下面，我们就来体会一下作者是怎样来传达这种"伤"的感情的。请大家跟我一同找出词中有特定含义的景物。

生：寒蝉凄切。

师：寒蝉是什么季节的景物？

生：秋季。

师：送别更具体的时间和地点呢？

生：对长亭晚。

师：对，是傍晚日暮，地点在"长亭"。长亭是供送别的人休息的地方，古人讲"五里一短亭，十里一长亭"，恋人一直送到长亭，依依不舍，时已傍晚，突出依恋之深。"骤雨初歇"一句，跟"情"有什么关系？

生：作者写秋季之景，"寒蝉凄切"蕴含一种凄凉。

师：寒蝉自鸣，怎么会有"凄凉"之意呢？

生：（齐答）这是作者赋予的。

师：好！这就叫作融情于景。回到刚才的问题，一场"骤雨初歇"又与作者的情有何关系？

师：联系上下文看，上文有"长亭"送别，下文有"都门帐饮""兰舟催发"，我们可以感觉到离别的时间是——

生：越来越近。

师：对。"骤雨"的意思是——

生：很急的雨。

师：是，很急啊。本来，一场大雨使得一对恋人又赢得一段时间，继续卿卿我我。（学生笑）然而，雨停了，船家催行了。此时，恋人不愿离别却不能不离别，一个"骤"字写出了离别在即的紧迫感。此时一对恋人的心情能不——

生：（齐答）伤！（师板书）

师：就要分别了，作者怎样写临别时的情况？

生：（齐答）执手相看泪眼。

师：对。写得很简洁，只是一个镜头，这种手法我们称之为"白描"。两个恋人手握着手，互相凝视，眼泪在眼睛里打转，心情极度悲

伤，有千言万语要说，却一句话也说不出来，所以"竟无语凝噎"。（教师模拟"噎"的情状，学生笑）

师：这种悲伤的情感同学们自己去认真体会一下，也许他们痛哭一场会好得多，但强烈的感情使他们陷入了极度的痛苦，连哭也哭不出来，这里又进一步写出词人的悲伤。（板书"伤"）

师：以上是写实景，再看后面的虚景。一个"念"字表明作者要走了，为什么要走？他要到哪里去？

生：（部分）为了生计，要谋生，不得不踏上前路。

师：什么样的"前路"呢？看看作者是如何写的。"烟波"千里浩渺，"暮霭"沉沉，"楚天"开阔无边，作者的前途是渺茫的，作者的感慨也是无限的。这些景物增加了忧虑，增加了伤感。路越远，这对恋人的依恋之情就越浓，景与情形成一个强烈的反差。如果我们认识到这些，我们就读懂了宋词，特别是婉约派词"一切景语皆情语"的情景交融的艺术手法。

（学生若有所悟，面露喜色，教师乘胜追击）

师：作者上路，走的是水路。"今宵酒醒何处？杨柳岸，晓风残月。"这两句是想象中的景物，但写得很真实，如在眼前。如何理解此时此景中诗人的感情呢？我们可以设身处地，透过这些景物去品味诗人的感情。我们不妨回放镜头，联系前面的情景，设想诗人此时醒来，已是独自一个，形单影只，只看到几棵杨柳，凉凉的晓风吹着，天上一弯残月，他的心情会是怎样的呢？理解作品的感情要善于进入作品，再现作品中的情景，然后设身处地去体会，感知作者此时此境的心情。假如你是柳永，此时置身于"杨柳""晓风""残月"的情境中，你会产生怎样的情绪？

（生议论纷纷）

生：冷落、空虚、孤寂、惆怅。

师：好。我读到这里的感受是：头脑一片空白，心里空荡荡的，若有所失。看来词中之景字字含情！再深入一层，作者为什么要写

"杨柳岸""残月",而不写其他的景物呢？这是因为古人常常以折柳送别，表达一种思念，"柳"者，"留"也。再把"晓风残月"与"花好月圆"比照一下，我们就会有所领悟，这些景物还包含着中国传统的文化内涵。看来，要很好地去赏析一首诗词，我们还应该掌握一些有关的文化常识。这里的"柳""残月"已是情绪化了的"物"，是思念，是孤寂，是伤感。

师：我们接着看词中还写了什么景物。写了，但写得较概括，"应是良辰好景虚设"，"经年"后，恋人早已不在身边，诗人心中有的还是无尽的思念。"风情"即指男女恋情，"便纵有……与何人说"，有思恋之情却苦于无人可诉说，所以他心中所剩下的还是——

生：（齐答）伤。

师：对，还是"伤"。（板书）真是一"伤"到底呀。

师：再来认知整体。这首词在写法上注重了两点：其一是直接抒情，其二是借景抒情。而后者是这首词的主要抒情方式，具体来说就是融情于景，以情带景，情景紧紧融汇在一起。这种情概括起来讲就是"伤"，"伤"这个字其实很抽象。回顾全文，我们感觉到秋天的环境更增添了离别的哀伤。诗人将离别放到一个特定的清秋节和晚暮时刻，渲染了一种冷清的气氛，一景一物，一人一事，一举手一投足，处处关情，都体现出"伤"，但"这次第，怎一个'伤'字了得"。你可以把所有词典里讲"伤"类的词收集起来，来丰富这个"伤"的内涵，但它还是抽象的，还不如自己再读它几遍，充当一个柳永，置身于那种环境中，再现一幅幅离别的画面，进而体味诗人的心情来得具体、形象、感人。再者，"伤"字后面还有一个潜台词，那就是恋，是情深。当然，充当一个柳永绝不是成为柳永，要善于融入，还要善于跳出，我们学习的是柳永高超的艺术技巧，而不能沉湎于那种缠缠绵绵、悲悲戚戚的低沉的情绪之中。

师：语文是一门人文科学，人文就是人的情和理。我们读过的那一首"大江东去"，既有情，也富于理。词人深受儒家思想的影响，追求功名，但仕途坎坷，功名不就便转为"人生如梦，一樽还酹江月"的感叹。诗人从庄子那里找到了一种寄托、一种安慰。诗人有一种积极入世的理想，也有一种消极出世的情怀。这两者既矛盾又统一，集于诗人一身，充满了理趣。古代诗词中有许多好词、好句被人传诵。如读了《琵琶行》，我们自然会被诗人将自己的境况和琵琶女的遭遇相提并论的难能可贵的精神所感动。诗中有两句，成为千古绝唱："同是天涯沦落人，相逢何必曾相识。"读了苏东坡的"月有阴晴圆缺，人有悲欢离合，此事古难全，但愿人长久，千里共婵娟"，我们也会为那种深情、豁达而喝彩。那么本词中，你最欣赏的是哪一句呢？

生：（部分）多情自古伤离别，更那堪，冷落清秋节。

师：这一句太直，是概括，是议论，缺乏形象。婉约派主张委婉含蓄，言有尽而意无穷，哪一句最能体现这一特点呢？

生：（大部分）今宵酒醒何处？杨柳岸，晓风残月。

师：对，这一句历来最为词评家所赞赏。那么，这一句妙在何处？请同学们课后联系诗歌的特点及婉约派的词风、艺术技巧去体会它令人拍案叫绝的高妙。下课。

这两节课教师所运用的主要教学方法都是讲授法，两位教师准备得都很充分，但是效果却不同。案例一中的课堂给人一种压抑感，"人灌"加"机灌"，教师只把结论告诉学生，没有告诉学生这个结论是如何得出来的，其间偶尔有提问，但却没有和学生形成真正的交流，要么是自问自答，要么是问得没有意义。如"林黛玉真是想让贾宝玉改了吗"这一问，问得莫名其妙。不仅学生不能回答，教师自己竟然也没有解答。那么，本该启发思考、引起下文的问题，在这里就形同虚设了。有时运用书面化甚至是生僻的语言，如对作者的生平简介那段，使学生对教师所讲的内容产生隔膜，阻碍了学生对教学内容的理解。

案例二中，教师虽然也是讲授，但是由于讲的思路清晰，在教学过程中照顾到学生的基础，关注了学生的反应，结论都是和学生一起生成的，因此教学效果很好。同样的内容，同样的方法，为什么会出现这样的反差？让我们来慢慢分析。

1. 照本宣科

因客观条件的限制，或者因主观上没有努力，因此教师对教学内容没有弄懂、弄透，没有自己的思考，更不要说把教学内容内化，教学过程中只好目视书本、教案或者多媒体课件一路讲下去，确切地说是一路读下去。其间与学生没有目光交流，也没有任何反馈，教师读得枯燥乏味，学生听得昏昏欲睡。

2. 漫无边际

案例一中，教师不明白自己在讲什么，也不明白为什么讲，教材中有什么就讲什么，遇到生字教读音，见到修辞作分析，碰到复句讲语法，看到某个人物就讲逸闻趣事或新闻八卦……枝枝蔓蔓地扯开来，甚至丢掉了教材，丢掉了学生，凭自己的兴趣，爱讲什么就讲什么。

3. 贪多求全

有些教师在讲授时，总是希望多教给学生东西，没有重点，没有难点，平均用力，事无巨细，唯恐丢了一点。可一堂课时间有限，于是老师要么一堂课不停地絮絮叨叨，把一堂课讲得满满的，甚至还要拖堂；要么是只好浓缩讲解，每一点都讲到，但是每一点都没有讲透，花开数枝，哪一枝开得也不充分、舒展、美丽。在这个过程中，要么学生没有思考消化时间，不停机械地记笔记；要么是教师辛辛苦苦，学生睡眼蒙眬，于是教师心中开始埋怨学生"没良心"。

有些老师在讲授时，为了开阔学生的视野或提高学生的学习兴趣，大量补充介绍与课文有关联的知识。若补充的东西有利于学生对新学内容的理解，应该鼓励；如果不影响教学也无可厚非；若是低效的甚至是无效的补充，则不可效仿。如案例一中的教师，在讲授《雨霖铃》的过程中，见到"离别"就扩展有关离别的诗词；看到"凝噎"一词又补充一堆沾哭带泪的诗词；遇到"杨柳"一词又是补充古往今来一堆有关杨柳的诗词；看到"残月"一词又引出有关月圆思乡的诗词。老师看起来很博学，但是由于扩展太多，模糊了教学思路，以至于看不出教学主线是什么。

这些现象虽表现不一，其实背后都有一个共同的东西，那就是心中没有学生，教师为了教材而讲，为了表达自己而讲，甚至是为了占满课时而讲。

三、讲授法的优化策略

1. 明确目标

（1）制订明确而集中的教学目标

教学目标是教学活动的出发点和归宿，明确而具体的教学目标对教学能起到引导、调控的作用。教师要在阅读课程标准、了解学生、弄透教学内容的基础上，制订明确的教学目标。教学目标，要求具体、明确、具有可操作性。一位教师是这样设计《赵州桥》这一课的教学目标的：①懂得赵州桥的坚固、美观；②体会文中运用比喻写声音的写法；③了解物体在自然界中的变化规律。"懂得""体会""了解"这样的表述词很是模糊，对教学的指导性就差。因此，为了使其更加明确，具有可操作性，可以这样表述：①说明赵州桥的使用价值和观赏价值；②画出文中运用比喻描写声音的语句，分析这样描写的作用；③指出物体的形状、位置和形态对其质量的影响。

教学目标分为显性目标和隐性目标，显性目标是基础，隐性目标是根本，在制订教学目标的时候，既要关注显性目标，更要关注隐性目标。新课程提出三维目标，其中知识、能力属于显性目标，情感、态度、价值观和方法属于隐性目标，而过程不能以结果来衡量，它只是强调学生是在什么样的过程中实现显性目标和隐性目标的。从整体上来说，教师在制订教学目标的时候，要关注三维目标，但又不是每堂课三维目标都要落实到。根据教学内容的不同，在确定教学目标时可以有所侧重，有步骤地落实。一般情况下，一堂课以能落实一两个目标为宜，如果制订的教学目标太多，就很难在一堂课完成。

（2）告知学生教学目标

在讲授之前，教师明确告知学生学习目标，对激发学生学习的积极性、维持学生的注意力是个不错的策略。

心理学家曾经做过这样一个实验：组织3组人，让他们分别向10公里以外的3个村子进发。

第一组的人既不知道村庄的名字，也不知道路程有多远，只告诉他们跟着向导走就行了。刚走出两三公里就有人叫苦，走到一半的时候，有人几乎愤怒了，他们抱怨为什么要走这么远以及何时才能走到头，有人甚至坐在路边不愿走了，越往后走他们的情绪就越低落。

第二组的人知道村庄的名字和路程有多远，但路边没有里程碑，只能凭经验来估计行程的时间和距离。走到一半的时候，大多数人想知道已经走了多远，比较有经验的人说："大概走了一半的路程。"于是，大家又簇拥着继续向前走。当走到全程的四分之三的时候，大家的情绪开始低落，觉得疲惫不堪，而路似乎还有很长。当有人说"快到了！快到了"时，大家又振作起来，加快了行进的步伐。

第三组的人不仅知道村子的名字、路程，而且公路旁每一公里处就有一块里程碑。人们边走边看里程碑，每缩短一公里，大家便有一小阵的快乐。行进中，他们用歌声和笑容来消除疲劳，情绪一直很高涨，所以很快就到达了目的地。

由此可以看出，当人们在行动时有了明确的目标，清楚地知道自己的行动与目标的距离时，人们行动的动机就会不断得到维持和加强，就会自觉地克服一切困难，努力实现目标。

教师在教学过程中使学生明白学习目标，甚至教学时间的安排，会激发他们更加努力学习。而实际上，通常是教师对教学目标心知肚明，而学生则如实验中第一组人一样，只跟着向导走，学习处于盲目状态，如果教师再一味只顾自己讲，学生便会不知不觉地陷入消极、倦怠的学习状态。

（3）明确选择讲授法的目标

前面已经谈到，每一堂课都不止一个目标，落实教学目标时就需要选取一定的教学方法，那么我们就要考虑：这一点为什么要讲授？不讲授可不可以？讲授的时候需不需要配合其他方法？考虑这些问题也就是要明确我们为什么要讲。从总体上来说，在运用讲授法的时候，一般有四个目的：激发学生的学习兴趣；突出重点，突破难点；加速学生的学习进程；总结学生要掌握的教学内容。

2. 科学组织教学内容

在讲授课中教师要把握三点：第一，讲清所讲内容的基本知识点，尤其是关键的、核心的知识点。第二，要理清这些知识点以及它们与前面所学知识点的横向与纵向联系，由点到线再到面，使学生所学的知识不是零散的、堆积状的，而是成结构、成体系的，这样便于学生思维的发展与知识的迁移。第三，要挖掘和揭示教学内容所蕴含的思想、思维方式，使学生在掌握知识的同时，也相应地掌握学科的思想观点、科学的思维方法。以上三点是否能够落实，都与教师对教学内容把握的程度有关。因此，教师要深入钻研教学内容，弄懂、吃透教学内容，甚至使教学内容和自己的思想融为一体，同时还要有自己的思考与见解。只有这样，在讲授时才能够得心应手、机动灵活、能详能简、能长能短，才能有精力去关注学生的反应并随时做出调整。

（1）科学安排教学内容

一堂课要讲的内容有很多，要对这些内容进行科学的组织安排，先讲什么，后讲什么，前后的逻辑关系要理清楚，这样学生才能根据教师的教学思路把握教师所讲的内容。比如，案例二中教师所讲的思路很清晰：以回顾旧知识导入，不但对旧知进行巩固，使学生新学的知识和旧的知识建立起联系，而且也提出了这节课的教学程序，即"整体感知——把握内容——体会词风"。教学过程中，在整体感知的基础上，教师引导学生概括出《雨霖铃》的内容是写离情别绪的，即"写离别的场面，抒离别的情绪"。接着老师提问："本词写离情，那么具体来说，它分别写了哪几个场面？如何抒发离情？"在讲解离别场面中抓住了实写场景和虚写场景。在解答"如何抒发离情"时，指出了直接抒情、借景抒情两种方式，然后牢牢抓住一个"伤"字，巧妙地使教学又从部分回到整体。这个教师组织教学内容的策略是：整休——部分——整体。除了这种策略，还可以使用以下策略来组织教学内容①：

策略一：整体——部分。即可把一个课题分成若干小课题，如有必要，还可以进一步分成更小一级的课题。

策略二：序列。这种组织以某种顺序为基础而展开，如时间顺序、因果顺序或事件发展顺序等。

策略三：比较。教师对两类或多类事物进行比较讲述，可先列出或界定第一个比较维度，然后说明各类事物在这一维度上的异同。接着列出第二个比较维度，重复上述过程。

（2）使用语言组织策略

在讲授的过程中，巧妙地使用语言组织策略，能使讲授更加流畅、清晰。

策略一：使用关联词。关联词能表明事件发生的原因和结果或提出观点的目的等。这种关联词有"因为……所以……""为了……所以……""因此""如果……那么……"，这些关联词能帮助学生明白教

---

① 施良方，崔允漷．教学理论：课堂教学的原理、策略与研究［M］．上海：华东师范大学出版社，1999.180－181.

师讲授中所暗含的逻辑关系，使他们更容易把握教师所讲授的内容。

策略二：指示语。指示是指明确告诉学习者什么是重点。比如："这是我一直强调的一点。""要记住的最重要的一点是……"

策略三：过渡语。过渡语是对上面的总结和对下面内容的提示，通过过渡语使前后成为一个整体。如："在继续往下讲前，我们先总结一下要点。""我们已经了解了海明威一生的几个重要时期，现在让我们看看，参与西班牙内战这一事件是怎么影响他写作的。"

3. 了解学生的知识储备

根据奥苏贝尔意义学习理论，学生原有认知结构中的知识储备对教学具有举足轻重的作用。因此，教师在运用讲授法之前要了解学生的知识储备，以保证后续讲授和学生的认知结构建立起有意义的联系。要了解学生的知识储备，一般用课堂提问、作业检查、摸底测验等方法。

4. 把握好讲授的时间

在教师讲授教学内容的同时，学生需要对教师所传授的内容进行思维加工。显然，信息加工是需要时间的，而且学生在有限的时间里只能以有限的速度学习有限的信息。另外，由于学生生理特征和心理需求的不同，学生高度集中注意的时间也有一定的限度。因此，作为教师，我们呈现新信息的速度、节奏应与学生的心理需求相适应。

首先，连续讲授的时间不能超过学生的注意时限。人维持有意注意的时间是有限的，超过一定时间则会出现分心、注意力转移的现象，有时还会诱发问题行为。一般而言，小学生、初中生注意时限为10～20分钟；高中生为20～30分钟；大学生及成人可以维持注意30～60分钟。因此，如果运用讲授法，可以把讲授内容以10～15分钟为单位进行划分，每隔10～15分钟变换一下方式，可以像案例二中的教师那样变化一下语速、提一个相关的问题，也可以让学生说说他们对所讲内容的理解，或者穿插一个与内容相关的逸闻趣事、小笑话等，给学生以放松、思考的机会。

其次，在过短的时间内不要呈现过多的知识信息。根据信息加工理论，人们所获得的信息只有进入短时记忆，在那里进行加工处理，然后才进入长时记忆。有研究证明，人们在瞬间吸纳的信息为 7 ± 2 个，因为学生需要时间去思考新信息与他们已有知识的联系，自己生成新概念的实例，理解所学材料的实际含义。如果在瞬间输入信息过多，学生就没有时间对后面输入的信息进行加工，那么后面输入的信息对学生来说就等于是无用的。也有研究表明，一堂 45 分钟的课堂，学生仅能吸收 3～4 个要点。因此，教师在讲授的时候，在短时间内尽量不要讲太多的内容，要精选内容进行讲解，讲就要讲深讲透。

5. 要注意语言艺术

在讲授过程中，语言是知识信息的重要载体，学生主要凭借教师的语言来获得信息，因此教师自身的语言素质和驾驭语言的能力与课堂教学效果有着直接的关系。

教师讲授的语言要清晰、准确、简练，语速、音量适中，这几项是对教师讲授语言的基本要求。在此基础上，讲授语言要生动形象、抑扬顿挫、富有感染力。

在讲授的过程中教师还要注意体态语言的运用。心理学家的实验表明：获取信息的总效果＝7％的文字＋38％的声音＋55％的无声（人体）语言。由此，我们不难看出，体态语言在传递信息中的重要作用。

教师的体态语言包括手势语、表情语（如案例二中教师模拟"噎"的情状）。讲授是单向传递信息的，不能及时反馈是个很重要的缺陷，因此教师在教学过程中可以运用眼神与学生进行适当的交流。合理地运用眼神一方面能及时观察学生是否能听得明白，另一方面也可以起到控制课堂的作用。有经验的老师都能感受到，如果我们站在讲台中间，我们的目光自然落在教室的前排和中间地带，而其他区域的学生往往与教师的目光没有接触。因此在讲授的过程中，教师要经常有意识地用目光扫视全班，并不时地和某个学生的目光接触几秒钟。这不仅有助于使学生集中注意力，而且能起到教学反馈的作用。

但教师要注意，体态语言在讲授过程中只是起辅助作用，应该力求少而精、简约精当，不能喧宾夺主。教师的体态语言用得过于频繁，反而会分散学生的注意力，影响课堂教学的效果。

6. 恰当运用板书和例证

我们看到，在案例一和案例二中，教师在讲授的过程中都适当以板书相配合。讲授与板书相互配合，可以使讲授更加清楚明白。板书的基本内容包括图画、文字、公式和表格。

板书分为主板书和辅助板书。主板书是为了给学生提供学习内容的要点和结构，讲课后留在黑板上，为学生识记、保持、再现学习内容提供线索。主板书要求精、美、具有启发性。精，指精心设计、精选内容、精炼文字，体现板书的文眼作用，充分发挥它提纲挈领的功能。美，指板书字迹要工整规范、端庄大方，给学生以良好的示范作用。教师板书还应适当地运用彩色粉笔和板画，使板书生动形象、图文并茂，收到赏心悦目的效果。辅助板书是配合讲授，在讲授的过程中，教师要随时观察学生的表情。当观察到学生迷惑的时候，教师适时板书，以提醒学生注意，或者为学生解惑。辅助板书，一般放在黑板右侧的三分之一处，随写随擦，以不影响主板书的美观和醒目为宜。

在讲授学生生疏的、抽象的、难于理解的内容时，运用例子也是不错的策略。在选取例子的时候，要考虑三点：一要适合学生的接受水平；二要精确、适当、贴切，具有典型性和说服力；三要生动具体，富有趣味。

7. 教学生学会学习

（1）要求学生课前预习

预习不但是一种学习方法，而且是一种学习习惯。教师运用讲授法进行教学的时候，学生的预习尤为重要，因为在讲授教学过程中，教师有时会连续不断地讲授大量的知识，学生及时表达自己疑惑的机会就很少。如果学生对课程内容平均用力，一直保持高度的注意，则会很累，也很困难，同时学习效果也不佳，这就要求学生课前做好预习。预习的目的并不是让学生弄透彻，关键是让学生多思考，改变被动听课的习惯，提高听课效率。

（2）学会听课

策略一：勤思考。教师应告诉学生听课的方法，如这样不断地问："老师讲的是什么意思？""为什么这样说？""这样说有没有道理？"这样，学生就能跟着教师的思路，把教师讲授的内容弄清楚、弄明白。

策略二：抓重点。听讲的过程中，还要学会抓重点。抓重点时可以关注以下几个方面：一是教师反复强调的；二是教师特别指出的，如"需要特别注意的是……""要记住……"；三是讲完每部分的小结；四是教师讲授中声音或声调突然变化之处；五是板书，尤其是教师在板书处加横线或者用别的颜色提醒的地方。

策略三：记笔记。研究证明，记笔记也是一个很好的学习策略。例如，巴尼特等人让大学生听有关美国公路史的讲授，被试分为三组：一组边听边记笔记，列出讲授的大纲；二组发现成的大纲充当笔记；三组单纯地听讲，既不做笔记也无大纲。而后进行回忆测量，结果是做笔记的学生学习成绩提高快。这可能是因为学生在做笔记的过程中更需要集中注意力，而且要参与更多的思维活动，记笔记的时候，需要找到知识之间的联系。记笔记不仅要记下教师讲的，还要记下自己的困惑，或者标出自己有不同观点的地方，以备课后与老师交流。最要避免的就是只动笔，不动脑。

心理学家认为，记笔记有两步：记下听到的重要信息；使记下的信息对自己有意义，即理解它们。如果记笔记只停留在第一步，就对学习并无多大的帮助。重要的是进入第二步，对笔记进行加工。有人建议采用如下三步做听课笔记：第一步，留下笔记本每页右边的四分之一或三分之一；第二步，记下听课的内容；第三步，在整理笔记时，在笔记的空白部分加边注、评语等。其中，第三步很重要，这些边注、评述或其他标志不仅可以促进学生对所学内容的理解，而且可以为他们今后的回忆提供线索。

（3）课后及时复习

讲授法的优势是能使学生在短时间内获得大量的信息，而且这些信息对学生来说都是间接经验，这样学生接受得快、忘记得也快。德国心理学家艾滨浩斯曾提出著名的遗忘曲线，这条曲线告诉我们，无论学习的材料是有意义的，还是无意义的，遗忘都会在学习之后立即开始，而且遗忘的进程并不是均匀的，在记忆的最初阶段遗忘的速度很快，后来就逐渐减慢了，到了相当长的时间后，几乎就不再遗忘了，这就是遗忘的发展规律，即"先快后慢"。观察这条遗忘曲线，就会发现，学习的知识在一天后如果不抓紧复习，记忆中就只剩下原来的25％了。所以，学习之后我们要及时安排学生进行复习。

演示法

　　演示法在教学中作为一种直观的教学方法，对激发学生的学习兴趣，帮助学生减少理解上的障碍，有着重要的作用。但演示法也有其局限性，教师在运用这种方法时，应结合学生的实际和需要，对演示法进行优化。

一、演示法概述

演示法，是指教师在课堂上通过展示各种实物、直接教具，或进行演示性实验，让学生通过观察获得感性认识的教学方法。演示法常配合讲授法、谈话法一起使用，它对提高学生的学习兴趣、发展学生的观察能力和抽象思维能力、减少学习中的困难有重要作用。

演示法是出现较早的一种辅助教学的方法，在中国有悠久的历史，可以追溯到宋代。王唯一于 1026 年撰《铜人腧穴针灸图经》，并铸成铜人模型，这是世界上最早的医学教学模型。他还刻出经络腧穴位置，又绘制十二经图，刊行后，图流传到西方。16 世纪比利时学者维萨利乌斯于 1537 年在帕多瓦对众讲学，并对学生演示了人体解剖。17 世纪捷克教育家夸美纽斯用皮制人体模型在教学中进行演示。后来又有瑞士教育家裴斯泰洛齐关于算术箱的运用。

随着自然科学和现代技术的发展，演示手段和种类日益繁多。由于它生动直观，因而备受重视并广泛应用于课堂教学中。演示法的作用在于，它能使学生获得生动而直观的感性知识，加深对学习对象的印象，把书本上的理论知识和实际事物联系起来，形成正确而深刻的概念。演示教学能提供一些形象的感性材料，引起学生的学习兴趣，集中学生的注意力，有助于学生对所学知识的深入理解、记忆和巩固，有助于发展学生的观察力和形象思维。① 正由于演示法有这些优势，它在教学中很受教师和学生的欢迎。但教师在运用过程中也经常出现过于追求形式、演示的目的不够明确、演示的方法不够科学、演示的时机不够恰当等问题。教师能否合理运用演示法就成了成功进行教学的关键，因此，演示法虽然是一种历史悠久的教学方法，教师们在授课时也都或多或少地会运用到它，但并不是所有的教师都能正确驾驭这种方法，也不是所有教师运用这种方法都达到了理想效果。

根据演示材料的不同，演示法可以分为以下几种：

1. 图片、图画、挂图演示

学生的认识是由具体到抽象，思维过程是由感性认识上升到理性认识。图片、图画（包括简笔画）、挂图具有直观、明了等特点，适合于学生的认知规律，尤其是低年级学生，以图画、图片、挂图作为演示材料更适合。"文"和"图"的本质区别是其质地不同，简言之，"文"使阅读具有间接性，而"图"使阅读具有直接性，"读文"与"读图"是两种不同的接受方式和过程。但是，无论是哪种方法，都留有空白，需要想象的空间。图作为视觉艺术，在不同读者心中不可能是唯一的形象，文字更是如此。因此，在使用图片、图画、挂图演示的过程中，教师也需要引导、启发学生想象。

例如，在地理教学中，在讲授长江、黄河的地理位置时，教师可以出示地图，采用讲解与演示相结合的方式，使学生清晰地了解长江、黄河的发源地、流经的省份、最终流入哪个海等知识。这样就一目了然、直观具体。

运用图片、图画、挂图演示时，这些教具要满足四个条件：

一是符合学生的身心发展特点和认知结构。

---

① 陈旭远，张捷．新课程实用课堂教学艺术［M］．长春：东北师范大学出版社，2004.145－146.

二是与教学内容紧密联系。

三是图片、图画、挂图的大小、清晰度适中，便于学生观看、观察。

四是保证学生安全。

2. 实物、标本、模型演示

实物、标本、模型演示是教学中常用的演示方法，有利于学生了解学习对象的真实面貌和内部结构。

实物，是真实的教学对象，具有生动性和真实性等特点，但受时间和空间的限制，有时难以获得，有时即使可以获得，也难以在课堂教学中展示、运用。

标本，是指经过特殊处理的保持实物原型的动物、植物和矿物等，它保存了与实物相同的各种特性。在利用和观察时标本不受时间和空间的限制，如生物教学中的植物、动物标本。

模型，也是课堂演示中常用的教具。它能放大或缩小实物，能为学生建立立体概念，还能反映生物体或其局部的运动原理。在演示时，如果模型数量多、模型小，可将其分发给学生；在模型数量少、模型大时，可在课桌间巡回演示或边讲边演示。利用模型教学时，应向学生指出它和实物的比例及它的颜色是实物颜色还是表示某种颜色等。在生物教学中，较实物、标本而言，更适合用模型来演示，这样便于学生了解观察对象的内部结构。

在利用实物、标本、模型演示时，教师应做到以下两点：

首先，为巩固课堂所学知识，下课后可把实物、标本、模型放在教室或楼道的橱窗里展示，让学生仔细观察，并在下次上课时用提问的方式检查学生的观察效果。

其次，全班轮流观察。由于实物、标本、模型数量有限，在演示时，可以进行全班轮流观察。进行演示时，应同时组织学生做一些其他作业，免得一些学生观察时其他学生无事可做。

3. 实验演示

实验演示是通过对一个具体事物和现象及其变化过程的演示，引导学生对这些事物和现象及其变化过程进行观察的一种教学方法。实验演示主要有三种：新知实验演示、巩固知识实验演示和片段演示。

（1）新知实验演示

新知实验演示，是指以实验演示中产生的现象或变化作为学习对象的演示。实验演示前教师要进行详细的实验说明，说明实验用的材料、操作步骤、注意事项等。在实验过程中引导学生仔细观察实验的过程、变化、出现的各种现象。实验后，引领学生分析实验产生这种变化的原因，并要求学生以各种方式将实验结果记录下来，将实验的结果由个别推演到一般，再理解掌握新知。

（2）巩固知识实验演示

巩固知识实验演示是教师在讲授了一定的知识结构之后，用实验的方法来检验或验证这一知识。主要有两种情况：一是教师直接讲授某一知识，然后以实验的方式验证；二是假设需要用到的材料在实验过程中会出现某种现象，经过与学生探讨后，用实验来检验。

（3）片段演示

片段演示是演示实验的一部分，由于受时间或者地点的限制，无法演示实验的全过程，所以只演示实验的关键部分，大多数为开始部分或者结尾部分。需要说明的是，片段演示需要教师对剩余部分作细致的说明。如果演示的是开始部分，教师需要把结尾部分的实验布置给学生或是安排学生课后观察，并做好观察记录，不要直接给学生结论。如果演示的是结尾部分，需要对前面的实验内容和实验准备进行说明，便于学生了解。

例如，有位物理教师为了使学生掌握"力矩"这一概念，根据学生已学过力、力臂以及杠杆知识的情况，做了这样三个演示实验：第一个实验，相同力臂，加以不同的力，从而使杠杆向较大的力的方向转动，启发了学生了解转动效果与力的关系；第二个实验是力相同，而力臂不同，杠杆向力臂的一方转动，此时学生进一步看到转动的效果与力臂有关；第三个实验是力不同，力臂也不同，但是力与力臂的乘积相同，结果杠杆不动。三个演示实验引起了学生浓厚的兴趣并展开了热烈的讨论，大家都急于进一步探索其中的奥秘。在此基础上，教师再引导学生进行概括，得出结论：使杠杆产生转动效果的既不全是力，也不全是力臂，而是他们的乘积"力矩"，从而使学生牢固地掌握了"力矩"这一概念。①

4. 表情、动作演示

表情、动作演示教学多集中在艺术或体育课堂中，主要是教师对所要教授的表情、动作要领进行详细说明，并分步示范，学生模仿、领悟，直到熟练掌握。

5. 多媒体演示

多媒体演示是人类用计算机或类似设备交互处理多种信息（如声音、动画、文字、图像等）的方法或手段。它可以将教育信息的图片、动画、声音、影像等内容呈现给学生，使抽象的内容形象、直观、具体，实现教学手段的优化与发展。

例如，一位教师在讲授"商不变性质"时，首先给学生播放动画故事"猪八戒吃西瓜"：有一天，猪八戒来到了高老庄，为了表现一下自己的本领，他在高老庄干起活来，但他那贪吃的本性没有变。他对庄主说："这么大热天的，你总要给我些东西吃吧！"庄主答应每天都给他西瓜吃，又叫手下人拿 4 个西瓜给猪八戒，告诉他平均分成两天吃，猪八戒连忙说："太少了，太少了！"庄主说："我给你 8 个西瓜，

---

① 陈旭远，张捷. 新课程实用课堂教学艺术［M］. 长春：东北师范大学出版社，2004.146.

你要平均分成 4 天吃。"猪八戒又说："老庄主，能不能开开恩，多给点？"老庄主摸摸胡子说："那好吧，我给你 16 个西瓜，你要平均分成 8 天吃。"猪八戒连声说："好的，好的。"然后得意洋洋地走了。这时老庄主和手下人都笑了起来。接着，老师从"老庄主和手下人为什么笑了"这一问题出发，引导学生思考，从而掌握商不变的性质。这样富有故事性和趣味性的演示，就有助于减轻学生学习的疲劳程度，使其保持轻松愉悦的学习心态，教师的教学效率也会明显提高。[①]

上面这个案例中用多媒体播放动画故事，学生很感兴趣，能够注意力集力，对所学知识"商不变性质"有了直观的感受和认识。需要注意的是，教师在使用多媒体时，一定要布置好学习和观看的任务，不能只是看热闹。

6. 游戏、小品演示

游戏、小品演示，都是需要学生亲身参与、实践体验的演示教学。在这样的教学中，学生具有切身的体验，以体验来说话，更有说服力。

例如，六年级上册"长方体表面积计算方法"的教学片段，通过游戏介绍长方体表面积计算方法：（1）让学生分组讨论，动手操作，探索各种求法，教师再用电脑演示验证。（2）借助学生熟悉的环境——教室，引导学生弄清长方体 6 个面与长、宽、高的关系，让学生尝试计算，然后对照课本自我检查，最后引导学生比较两种方法的异同。当学生回顾探究的过程、寻找自己的发现、欣赏自己的"杰作"时，脸上都表现出喜悦的神情，因为他们在自主探索中体验到了成功的愉悦，感受到了自主探索的乐趣。

---

① 陈旭远，张捷．新课程实用课堂教学艺术［M］．长春：东北师范大学出版社，2004.147.

二、演示法的案例展示及分析

案例一

地图的制作与应用①

罗伯特·卡尔（Robert Carl）认识到，早到学校有一个好处，那就是不必排队等复印机。今天早晨，他制作了一幅幻灯地图。如果不出意外的话，这幅地图将是他进入下一单元学习的跳板，而且能够激发学生在他们第二个阶段的经济学学习中更深入地思考。尽管学生们都很聪明，但是他认为他们也许不会立即猜出地图上的这些国家是按照它们的 GNP 来描绘的，而不是按照它们的地理面积大小。在他回教室的途中，一想到今天他成功地给他们出了一个难题，他忍不住笑了。

"今天，我们将开始学习新的单元。在这个单元里，要求大家运用在过去两个月里学习的知识。我们一直都在学习经济学的各个部分——消费者、生产商、工人、政府、公司和工会以及他们是怎样作用于整个经济的。现在，我们将把视线从微观转向宏观，开始学习经济学各部分之间的联系及其表现。"

"我将介绍一些新观点，这些观点对于大家而言有些困惑。"卡尔先生注意到，当他提到困惑的时候，靠教室后面的两名学生从课桌下抬起了头。他把一幅微型世界地图放在投影仪上："大家看到了什么？"

蒂姆首先回答道："这是一幅世界地图，上面画着所有的国家。但是这些国家的形状有点不同，它们的边界与真实地图上的不一样。"

---

① ［美］威廉·凯伦，贾尼丝·哈奇森，玛格丽特·伊什勒·博斯. 有效教学决策［M］. 李森，王伟虹译. 北京：教育科学出版社，2009.248—250.

乔安娜插话道："中国比美国大得多，但是在这幅地图上并不是这样，真是不可思议。"

"这幅地图被分成了南北半球。"帕特里夏补充道。

这时，卡尔先生认为进行正式回答的时机已经成熟。因此，他说道："如果大家知道这幅地图令人困惑的关键所在，大家一定认为它是合乎情理的。我想让大家问我问题，以发现和理解困惑的关键。但是有一个条件，那就是对于大家的问题，我只回答'是'和'不是'。所以，当大家表述的时候，要仔细回答。"

"在这幅地图上，为什么美国的面积最大？"

"这得重新表述你的问题，我只能回答'是'与'不是'。"

（停顿）"好的。这幅地图是对某种东西的测量，而不是对面积的测量，是吗？"

"你说的面积是什么意思？"

"大小。就是说在地理上美国有多大。"

"是的。这幅地图测量的是其他的东西。"

有一名学生注意到了日本的面积与其他国家的面积的关系。另一个学生在思考为什么丹麦几乎与澳大利亚一样大。有一名学生问，为什么在这幅地图上澳大利亚位于北半球，而印度却位于南半球。还有一名学生问这幅地图是否是计算机绘制的。在进行充分的讨论之后，瓦内萨提出了一种假设："这幅地图测量的是不是世界上小汽车的数量？"

"这是第一个解决方案，好主意！有没有不同意这种观点的？你们还有什么问题来验证你们的猜测吗？"

"我不明白你的意思。"克里斯多夫面带困惑地问道。

"记住，当你们进行提问的时候，得收集与你们解决问题的方案有关的信息。这里也一样，所不同的是你们是从我这里获得必要的信息来检验你们的假设。想一想这些国家之间的关系，试着提几个'如果……那么……'之类的问题。"

（停顿）"如果墨西哥小汽车的产量翻一番，它的面积在这幅地图上也会翻一番吗？"安东尼问道。

"不会。但是，他的面积会增加。"好几个同学提出了以钢、计算机和小麦为标准的假设。最后，终于有一名同学提出把钱作为判断每一个国家大小的标准，并且这很快就延伸到了财富和 GNP 指标。在每一个假设都经过更多学生的问题检验之后，解决困惑的关键——GNP——得以确认。

在对这些线索进行充分讨论，引导同学们发现 GNP 这个答案之后，卡尔先生表扬了同学们在解决问题的过程中所表现出来的毅力和观察力。然后，他给出了 GNP 的定义，举出一些商品和服务，并且给出了一些统计数据，通过算 GNP 值来说明在这幅地图上位于两半球的国家的面积大小。他还解释了这幅地图上的南北半球线并不是赤道，而是北纬 30°线。

"在接下来的几周时间里，我们将继续学习 GNP 的概念，因为它是美国经济增长的一个最重要的指标之一，或者从某种意义上讲，是经济健康的晴雨表。它还直接与我们的生活水平相关，换句话说，就是我们生活得怎样，我们可以买些什么以及我们可以得到什么服务等。"

"现在，我们再来看一看这幅地图。你们认为北纬 30°线以南的国家比以北的国家小的原因是什么？"

"他们的 GNP 值比较小。"

"对，但是为什么那么多 GNP 值比较小的国家位于美国以南？"

一名学生认为这可能与气候有关，因为南半球较热。随后，他还开玩笑地用那里的人们每天要睡午觉来举例子。另一名学生认为北半球国家的技术更先进。进行充分讨论之后，有一名学生提出，有一些人口众多的国家，如中国和印度，位于北纬 30°以南。

"你们对这个问题已经有了很好的想法，并作了可能的解释。如果我们对 GNP 了解得更多，我们将能够更深入地探讨下去。我这里有足够的资料供大家参考，并且在星期一安排了一位大学生作为我们的特邀演讲人，他来自巴西，在大学专修经济学。我想他会为大家带来大量的信息，并且我们将学到很多有关影响经济增长的知识，特别是那些位于我们南边的国家。"

卡尔先生意识到快下课了，于是他通过问答的方式帮助同学们复习了今天所学的关于GNP的知识。他把书本上的第九章布置为阅读作业，并且对学生说："我还希望你们看一看今天晚上的电视新闻，或看看报纸，找出要报道的最近一个季度的GNP值，明天我们将利用这些数字使我们作出一些可能的解释，并且着手收集数据。根据我们提出的假说，我们也许可以分成若干小组进行调查。"

......

案例二

怀念有板书的课堂①

看图片、听音乐、观视频……很久没有走进课堂了。前不久，一堂丰富多彩的小学语文课让我目不暇接，过后心中却又怅然若失。

这是一节演示课，主题为《一面五星红旗》。课文讲的是一位留学生在国外河流中漂流出了事故，几经周折却始终牢系国旗，把爱国情珍藏心底。

这位老师课前通过信息化平台进行过精心备课，上课时"妙设"情境，自制的课件上一幅幅图片、一段段视频令人目不暇接。伴随着甜美流利的讲解，把学生和听课者瞬间带到水流湍急的漂流现场。讲到动情处，歌声响起："五星红旗，你是我的骄傲。五星红旗，我为你自豪。"紧接着的是一段段视频：港澳回归时五星红旗冉冉升起，刘翔夺冠后身披国旗奔跑，"神七"飞天后国旗在外太空飘扬……课堂充分运用信息化的手段和方式，让同学们对爱国情的认识更加具象。最后，

---

①　倪光辉．怀念有板书的课堂［N］．人民日报，2010—6—25.

随着鼠标的点击，一道填空题出现了。学生们挨个儿作答，老师耐心地启发着学生，末了非常满意地点击出"正确"答案。一切都那么有条不紊，教学环节也环环相扣，每个环节的过渡语都衔接得完美无缺。一节课结束，黑板上没有留下一点点书写的痕迹。

随着时代的发展，传统的课堂教学正悄悄地改变。在一些观摩课上，鼠标完全代替了粉笔，"声图"并茂的屏幕代替了土气的黑板，多媒体的运用的确使教学内容更加直观生动，也改进了学生的学习方式，提高了教学效率。

然而，事先生成的"讲义"虽然丰富了学生的形象思维，学生的创新思维是否又会囿于"讲义"呢？课堂上随着教学情境的展开而产生的丰富的、不可预料的内容，往往也没有办法及时进入课件。美国当代著名教育家欧内斯特说过："技术能够瞬间把信息传遍全世界，但无论技术具有多么神奇的功效，它却不能传递智慧。"

理想的课堂可以是精致的，也可以是朴素的。一块普通的黑板，一支小小的粉笔，一个简单的手势，都可以令人怦然心动，使学生得到美的熏染。经常怀念过去的学生时代，那时最能吸引眼球的就是老师们各具特色的板书：一支支粉笔在黑板上灵动飞舞，舞出的是师生间的心灵交汇；教师们异彩纷呈的字体，激发起无数学生灵动的思维。虽说没有任何的电教手段，但他们用一支粉笔、一块黑板，上出了精彩的课。

案例一是关于美国一所中学的一个教师的课堂教学描述，在教学之前，教师制作了教具并用于课堂演示。从案例中可以看出，演示法运用得非常成功，学生对所学内容由形象具体逐步转向抽象，并由观察事物的现象到探析事物的原因、本质。案例二中我们可以看到，整堂课下来都是多媒体演示，黑板上没有留下一点点书写的痕迹。两则案例都是对多媒体的运用，但运用上又存在很多不同，下面我们将分析他们的成功之处和欠缺所在。

1. 教师需要掌握学生的真实情况

教学的根本在于使学生理解、掌握所教授的内容，使学生在此过程中获得最大的发展。教师对演示教学方法的选择和运用也应遵循这一原则。例如，案例一中，罗伯特·卡尔认为尽管学生们都很聪明，但是他们也许不会立即猜出地图上的这些国家是按照 GNP 来描绘的，而不是按照他们的地理面积大小，在他回教室的途中，一想到今天他成功地给他们出了一个难题，他忍不住笑了。从中，我们可以看出罗伯特·卡尔认为这些学生会猜出地图的用意，但是不会马上猜出，这样给学生设疑，能够激发学生的学习兴趣。从后来的教学中，我们也可以看出，当呈现地图的时候，他引导学生发现绘制地图与真实地图的不同，并逐步引导学生认识到他绘制的依据。

那么，作为教师，应从哪几个方面掌握学生的真实情况呢？

首先，分析学生的学年段。根据学生的学年段选择演示法和演示用具，低年段学生需要直观性更强的用具，高年段可选择稍复杂的用具。

其次，分析学生的学习基础。学生对所学习的内容了解多少，这对演示方法的选择有要求，对教具、学具的运用也有一定的要求。

再次，分析学生的兴趣点。不同的学生对事情的兴趣点不同，一般情况下，同一班级学生对事物的兴趣点有一个共同倾向，因此，教师要对班级学生的情况有基本的掌握，尽量围绕学生的兴趣点选择不同种类的演示方法。

2. 正确认识教学内容，明确演示目的

教学内容是选择演示用具的依据之一。演示是为一定的教学目标和教学内容服务的，演示不能追求形式，不能为了演示而演示。案例二中，教师虽然整堂课有条不紊，教学环节也环环相扣，但是并没有突出演示的重点，也没有明确演示的目的，给众人留下的印象是过于

追求形式，为了演示而演示。

教学过程中，有的演示是为了展示事物的外形、颜色或内部结构，达到学生一目了然的目的，如生物教学中对植物外形的展示；有的演示是为了烘托一种氛围，使学生对学习内容感兴趣；有的演示是为了展示动作技能，起到示范作用，如体育教学中的演示；有的演示是为了将科学原理或抽象概念以形象简单的过程表现出来，如案例一中罗伯特·卡尔由自制地图引导学生认识 GNP 的概念，他将自制地图作为进入下一单元学习的跳板，并激发学生在第二个阶段的经济学学习中更深入地思考。因此，在教学中，教师要明确本节课的演示目的，有选择地运用演示法。

3. 精选演示用具

在掌握学生的真实情况和正确认识教学内容的基础上，教师需要做的就是确定演示用具。对于演示用具的选择，不言而喻，教师起着决定性的作用。

（1）了解演示用具的分类

常用的演示用具可以分为三种类型：视察类用具、听觉类用具和视听类用具。①

①视察类用具。在各种演示用具中，视察类用具是应用最广泛的，其中最常见的是实物或与实物相近的标本、模型等。这类用具可以是原封不动的实物，也可以是经过加工的物品，能帮助学生形象地感知事物，对事物形成深刻的印象。视察类用具比较适用于低年级教学。案例一中罗伯特·卡尔老师所用的自制地图，就属于视察类演示用具。

②听觉类用具。听觉类用具主要侧重于学生的听，俗话说"耳濡

---

① 沈龙明．中小学课堂教学艺术（修订版）［M］．北京：高等教育出版社，2004.131.

目染"，听觉类用具重在"耳濡"，如录音机、广播等。听觉类用具有时可以弥补教师口头表达的不足。

③视听类用具。前两类教具都各有优缺点，因此又有第三种用具，即将视听结合的视听类用具。如当前教学中运用的多媒体、幻灯片、电影等，都属于视听结合用具。现代科学研究表明，人通过视觉获得的知识能够记住 25％，通过听觉获得的知识能够记住 15％，若把视觉与听觉结合起来，能够记住 65％。因此，对此类演示用具我们应给予足够的重视。案例二中教师运用的就属于视听类用具。

（2）演示用具的运用

首先，演示用具应有利于学生的观察。无论是传统意义上的普通直观演示用具，还是现代意义上的多媒体演示用具，在运用中都应尽量体现直观性原则。教具的呈现要方便学生观察，使学生对演示用具有一个清晰的了解。

其次，演示用具应因学科而异。在教学中，演示用具要因学科的不同而有所变化。数理化等学科应用演示用具的时机较多，多数属于实验、操作性质的。而文科课程，相对而言运用的机会较少，如果有运用，那么对视察类的用具需要的较多，如地图。同时，也要根据课时有所变化，如果讲授同一内容，第一课时与第二课时运用的演示用具就有可能需要变化，这需要教师较好地把握实际需要。

再次，演示用具应富于变化。教师不能因为使用某种教具时教学效果较好，就经常使用同一教具，而应不断开发或交替使用各种教具，如视察类用具与听觉类用具交替使用，这样富于艺术性，对学生也有较强的吸引力。需要注意的是，演示用具的使用应适当，切忌过犹不及。案例二中，教师整堂课都在使用多媒体演示，虽然在烘托氛围、渲染情感方面起到了很好的作用，但对学生掌握知识、理解运用并非有益。

4. 制作演示用具

不同的教学目标、不同的教学内容需要不同的演示用具，而有些现成的演示用具不一定合乎教师的教学设计意图，因此需要教师在理解教材的基础上，根据设计意图或地区实际自制演示用具。如案例一中罗伯特·卡尔先生认为真实的地图并不适用其教学 GNP 的需要，因此他根据自身的教学设计意图自制了一幅幻灯地图。

那么，如何自制演示用具呢？①

方法一： 把与教材有关的客观事物直接呈现在学生面前，供他们用感官直接感知。

方法二： 模拟实物景象，通过摄影、绘图等手段获得对事物的形象和运用状态的感知。

方法三： 在自然界找不到原型，但可根据需要用制作品来代替的各种事物、数字和几何图形，这样的制作品是一种中间层次的直观，是一种从直观到抽象的过渡形式。

例如，圆周率演示教具，这是一种用于帮助小学生理解圆周率概念的教具。

制作方法： 用一块圆形木块（或硬纸板），背面钉一个木柄，正面用白纸糊好，画一条直径，分成 10 格，直径两端钉两个大头针，一个大头针上系一条长度等于圆周长的红线。

使用方法： 演示时，用红线绕圆木板一周，让学生看清楚这条红线的长度恰好等于圆周长，然后再把红线绕直径两端的大头针来回转动，恰好绕了 3 个来回多一点。

5. 演示时应注意的事项

教师应尽量保证演示顺利进行，保证演示成功。如果演示失败，就很容易影响演示效果，影响学生学习的积极性和主动性。

那么，在教学中如何使演示顺利进行呢？从演示教具角度来说，

---

① 邱学华. 小学数学教学基本功训练［M］. 北京：教育科学出版社，2001.23.

我们认为有以下几点：

（1）课前充分准备

在演示前，教师要充分地了解教具，做好检查工作，保证演示用具完整、可用。如果是化学实验，教师可在课堂演示前先做预演示，在预演示时发现不足，不断修正，直至达到课堂演示要求。

（2）注意演示的速度、位置

一般情况下，演示都是在课堂教学中进行的，这就要注意演示的位置和速度。

首先，针对位置来说。教师多限于在讲台上演示，有些时候演示的事物较小，或是演示的实验现象不明显，教室后面的学生不易观察到事物的细微特点和变化。这极易影响学生的课堂注意力和精神集中度。因此，在演示时，教师要根据具体的实际情况选择演示的位置。如标本演示，如果标本很小，教师可以拿着标本在学生中穿插走动，并伴随分析说明，这样可以使全班的学生都有近距离接触标本的机会，看清标本的真面目。

其次，针对速度来说。如果教学内容不同、演示教具不同，演示的速度就应该有所不同。演示时应尽量做到速度适中。如果速度太快，学生就会看不清楚，对事物的内容结构或现象的细微变化不能做到充分了解。如果速度太慢，又浪费时间，缺乏连贯性。因此，演示速度至关重要。

（3）保证安全

在使用演示用具的过程中，要保证安全，这是演示时最基本的要求。尤其是实验用具中的化学试剂。例如，在讲授超重和失重时，有的教师用细线、重锤进行演示，当重锤处于静止状态时，细绳可以提供足够的拉力来平衡重力，当教师用细绳拉着重锤突然加速向上运动时，细线突然断开，铁锤便重重地落下，学生们都震得心里一惊。在讲授分子力时，用磨光的铁块压在一起，吊起装有好几个重锤的塑料桶。学生先看到吊的是一个塑料桶，没觉得怎样，当教师把塑料桶中的几个重锤一个接一个地拿出来时，学生们发出了一阵惊呼。[①] 在观看这种具有强烈刺激的演示实验时，就要注意演示用具的使用安全。如细线突然断开和重锤落下，装有重物的塑料桶等。既要保证学生能细致地观察演示，又要保持一定的距离，免得学生受到伤害。

三、演示法的优化策略

演示法有其优越所在，但课堂教学中对演示法的运用并非越多越好，演示法的运用是需要一定条件的，教师在运用时应对其进行优化。

1. 找准演示的作用点

演示法应该与所教授的内容相对应，服务于教学内容。教师在运用演示法教学之前要认真钻研教材，考虑知识点是否需要演示，找准演示对教学内容的最佳作用点，尽量使演示达到最佳效果，起到画龙点睛的作用。如案例展示中，罗伯特·卡尔制作了一幅幻灯地图，这幅地图与真实的地图有相异之处，是学生进入下一单元学习的跳板，有利于学生在第二个阶段的经济学学习中更深入地思考。他很好地找准了两者的作用点，那就是制作的幻灯地图与真实地图的异同点，引发学生对经济学的思考，使演示自然贴切。

（1）设置情境，拉近距离

上课伊始，教师多用演示法设置情境、导入新课，或是通过学生已经熟悉的相关内容演示导入，使学生尽快融入新课的学习中来，拉

---

① 陈旭远，张捷. 新课程实用课堂教学艺术［M］. 长春：东北师范大学出版社，2004. 145—146.

近所学内容与学生经验、生活之间的距离。这种方法比较适合于那些与学生生活经历有较大差距的文章，如具有历史性、地域性及体现不同国别、不同生活制度或生活方式的文学作品。

（2）解决难点，激发灵性

运用演示法有助于教师引导学生理解教学过程中的难点，因为有些知识、现象、事物用语言是无法描绘的，如果将直观、真实的景象呈现给学生，会起到不言而喻的效果。例如，某教师对罗布泊的过去与现在进行对比演示，学生自由朗读课文后教师说："今天的罗布泊和过去的罗布泊有如此大的区别，原因是什么呢？请大家静看屏幕5分钟。"通过对罗布泊画面的展示，使学生更深刻地理解课文内容，起到了激发学生思考的作用。①

（3）挖掘资源，引发思考

讲授与呈现教学内容，不是让学生局限于该范围内，而是为了引发学生思考，起到拓展延伸、启迪思维的作用。例如，罗布泊的对比案例展示之后，教师呈现了幻灯片"忧思沉重篇"，启迪学生"昨天的罗布泊已离我们远去，但今天罗布泊似的悲剧却依然在我们身边上演"，然后播放相关课件，重在使学生认识到保护环境的意义。

2. 演示与语言讲解相结合

在课堂教学中，教师在进行演示的同时要配合适当的讲解，使学生对演示的用具、方法、目的、需要注意的问题有一定的了解。将视听结合起来，能够增强学生对演示的理解，提升他们对演示的重视。演示与语言讲解相结合可分为三种：演示前讲解、演示中引导和演示后总结。

---

① 潘德高．从《罗布泊，消逝的仙湖》的教学看多媒体课件的使用维度［J］．语文教学通讯·初中刊，2006，（3）．

（1）演示前讲解

这种结合主要是在演示前，教师说明演示要达到的目标，讲解演示中涉及的相关知识，提醒学生在观察时要注意的事项，让学生在观察演示前对演示主题有基本认识，以便在观察时能把握重点、有所依循。这种讲解不是每种演示都需要有的。

（2）演示中引导

这种引导是相互的，首先表现在演示对语言讲解的引导。教学中教师以演示作为讲解的出发点，呈现演示的内容，提出问题，然后引导学生对演示内容进行观察，教师对学生的观察进行概括提升，或者是利用演示手段辅助讲解，这对语言讲解起到验证的作用。其次，表现在语言讲解对演示的引导作用。教师可以利用语言指导学生进行观察。教师讲解时不是直接传授知识，而是指示学生有重点地观察，启发学生思考问题。

（3）演示后总结

演示结束后，教师应引导学生总结演示中观察到的现象、发现的问题和自己得出的观察结果。

3. 演示与提问相结合

在运用演示法的过程中，有时需要伴随提问，不断引导学生由观察演示发展到对事物本质的探析。例如，案例展示中罗伯特·卡尔在呈现自制的地图之后，在与学生的互动过程中提出了如下问题："大家看到了什么？""在这幅地图上，为什么美国的面积最大？""这是第一个解决方案，好主意！有没有不同意这种观点的？你们还有什么问题来验证你们的猜测吗？"通过逐步引导，最后，终于有一名学生提出把钱作为判断每一个国家大小的标准，并且这很快就延伸到了财富和GNP指标，使学生对GNP（这节课的核心概念）有了初步的了解和认识。教师接着提问："现在，我们再来看一看这幅地图。你们认为北纬30°度以南的国家比以北的国家小的原因是什么？""对，但是为什么那么多 GNP 值比较小的国家位于美国以南？"以此来引导学生分析，GNP 的大小与哪些因素有关。

演示中的提问有以下要求：

一是提出的问题与演示的内容相关，将与教学内容联系不密切的问题尽量控制在最小范围之内，以免浪费教学活动的时间。

二是要考虑多种层次的提问，简单问题和复杂问题相结合，一般问题和重点问题相结合。

三是在设计一些较难的问题时，还应设计一定的提示要点，以便启发和引导学生进行回答。

4. 演示需要恰当的时机

课堂教学的时间很短暂，也很宝贵。选择恰当的时间演示可以较好地呈现教学内容，引导学生，达到理想的效果。过早演示，会影响学生对演示内容的认识，分散学生的注意力；过晚演示，很难调动学生的积极性，影响演示效果。因此，在教学中，我们应把握这样几种演示时机[①]，恰当运用演示法。

（1）离散时机。上课铃声响起后，学生虽然坐在教室里，但心情还处于观望、等待的离散状态。此时出示教具进行演示，利于及时集中学生的注意力，激发学生的兴趣和求知的欲望。案例展示中罗伯特·卡尔选择的就是在离散时机运用演示法的，如"卡尔先生注意到，当他提到困惑的时候，靠教室后面的两名学生从课桌下抬起了头"。于是，他出示了演示地图，开始教学。

（2）渴求时机。即在学生求知欲望强烈时出示教具，进行演示。这时学生观察得认真，效果好。

（3）疑难时机。即在教学难点、重点处出示直观教具进行演示。

---

① 陈旭远，张捷. 新课程实用课堂教学艺术［M］. 长春：东北师范大学出版社，2004. 145－146.

这有利于发挥演示的化抽象为具体、化疑难为容易的作用。

（4）升华时机。即在对具体知识进行归纳、概括时进行演示。

（5）欲试时机。即在学生理解和掌握一定的知识之后，有将书本知识转化为技能技巧的意图时，出示直观教具进行演示，意在对学生进行指导。

（6）懈怠时机。即在学生注意力分散、不易集中之时进行演示。中高年级学生有意注意的持续时间也不过是20～25分钟，低年级学生有意注意的时间就更短了。在学生疲劳时进行演示，能使学生大脑再次兴奋起来，激发其继续学习的兴趣。

5. 选取恰当的演示材料

演示材料的选择要看操作活动是否有利于促进认识活动，如果这两者之间没有关联，那么选择的教学内容是无益的，有时甚至会起到相反的作用。

（1）演示材料要具有科学性

这里的科学性是指演示材料既要揭示与教学内容有关的一系列现象，又要体现所要学习的概念、规律。

（2）演示材料的大小、颜色适中

所选择的演示材料要合理，主要涉及两个方面：一是大小。根据实际需要选择演示材料的大小，尽量保证演示材料移动方便，又便于学生清楚地观察。二是颜色。颜色尽量清晰，用适当的颜色突出所要观察的部分，最好用动态来揭示事物的运动变化和相互关系，尽量使学生获得对事物的整体感知。

（3）演示材料适合学生的年龄特征

学生的年龄特征决定了学生的心理发展特点，也影响到他们所喜欢的事物和对事物的关注点。低年级学生一般对动画、卡通等比较感兴趣，而高年级学生一般对探究性事物比较感兴趣。因此，演示材料的选择要视学生的年龄特点而定，否则演示效果就会大打则扣。

6. 给学生留足思维活动时间

多媒体课件容量大，在使用过程中减少了教师板书、作图等时间。许多教师根据教学内容收集了很多信息、资源，但又很难取舍，就将其都融入课件中，在课堂上将这些内容一一展现给学生，内容达到饱和，使学生承受了过大的信息量。学生对新知的接受需要一定的时间和跨度，过多的信息量会抑制学生的接受能力和记忆能力。学生很难找到思考点和思考时间。因此，多媒体课件的演示信息量应适当，给学生留足思考的时间。

问答法

　　问答法是一种比较古老的教学方法，有着其自身的优势，但是很多教师在实际运用中并不能真正地驾驭它，并不能达到很好的教学效果。为了使这种古老的教学方法发挥更大的优势，教师在运用时需要对其进行优化。

一、问答法概述

"问答法"又称"谈话法"，是教师和学生以口头语言问答的方式进行教学的一种方法。[①] 问答法是一种历史比较悠久的教学方法。在我国，对问答法的运用可以追溯到大教育家孔子。《论语》实际上就是记载孔子与弟子们之间互相交流、探讨的过程，其中记载学生们提出各种各样的问题的地方达一百多处，如"问仁""问礼""问政"等，通过这一问一答，启发学生的思维，增进学生的学识。在西方，公认的运用问答法的鼻祖是苏格拉底。在色诺芬的《回忆苏格拉底》一书中我们可以看到，苏格拉底在教学中常用设问的方式提出问题，让学生用已有的知识回答，如果回答错了，他则用暗示性的补充提问来引导，最后使学生得出正确的答案。后人把他这种方法称为"产婆术"。有趣的是这两位在东西方教育史上都具有巨大影响力的教育家，生活在同时代却相隔遥远，那时又没有发达的通讯，但是两人却在运用着同样的教学方法（虽然运用的具体形式有所不同），这大抵与当时的教育大背景有关吧。当时的教学组织形式主要是个别教学，在教师与学生一对一的教学中，问答法就成了最好的教学方法。由于问答教学法是在这种背景下产生并运用的，所以到今天问答法仍保留着这样的特

---

① 李秉德. 教学论［M］. 北京：人民教育出版社，2003.189.

点：问与答的信息基本上是在教师与学生之间传递的。一个完整的问答，在形式上至少包括：问——答——评估/跟进。这个"问"可以由教师发起，由一个学生或多个学生回答，再由老师对学生的回答进行反馈，并根据学生的回答情况引发新的问题，然后进入下一回合的问与答；也可以由学生发起，教师解答或再转给别的同学回答。

在教学过程中，问答法有它自身的优势，和讲述法相比，它更具有互动性。对于学生来说，问答法能够带给他们更多参与课堂的机会，促使他们去积极思考，深入理解学习内容；对于教师来说，问答教学法可以帮助他们方便、快捷、及时地了解学生对内容的理解和掌握程度，了解学生答案背后的思维过程，寻求学生发生错误的根源，以便找到更具针对性的应对策略。正因为有这些优势的存在，在今天班级授课制的情况下，问答法仍然是一种运用非常普遍的教学方法。如果对课堂进行观察的话，可以发现课堂提问占很大一部分时间，尤其是在提倡对话教学的今天，这种方法在课堂中更为盛行。问答法是在教师和学生的一问一答中来完成，一次能够被老师叫到的学生是有限的，如果教师不能有意识地去调整，就会出现一部分学生总是参与提问而另一些学生总是被排除在教学之外的现象。运用这种方法时，教师问题设置的合适度以及学生回答完问题后教师能否合理应对，就成了能否成功推进教学的关键。相对于讲述法来说，问答法对教师提出了更高的要求。因此，问答法虽然是一种历史悠久的教学方法，教师们也都或多或少地在运用着这种方法，但是并不是所有运用这种方法的教师都能真正驾驭它，也不是所有教师运用这种方法都达到了理想的教学效果。

1. 明确提问目的

问答法只是一种教学方法，方法都是为教学目标服务的，那么我们提每一个问题时一定要问自己：我提出这个问题的目的是什么？一般来说，我们提问大致有以下几个目的：

（1）引发学习动机。这类问题一般用于在学习新的教学内容之前，为了激发学生对将要学习的内容的兴趣，引起思考。比如，一个数学教师在讲"圆的定义"之前，对学生提出如下问题：

师：路上有各式各样的车，它们的轮都是什么形状的？

生：圆的。

师：为什么都设计成圆的，怎么不设计成三角形的呢？

生：设计成三角形，就滚不动了。

师：为什么不设计成椭圆的呢？

生：设计成椭圆的，跑起来就一会儿高一会儿低了。

师：那为什么设计成圆形的跑起来就不一会儿高一会儿低了呢？

通过这么一问，学生能对圆的本质特点进行深入思考，体会到圆上的各点到圆心的距离是等长的，从而自然而然地得出圆的定义。这要比开始就直接讲述圆的定义更能激发起学生的学习动机。

（2）考查学生的记忆或理解程度。一般而言，在对某段内容进行教学之后，为了考查学生是否理解、掌握了所教学的内容，教师针对这些内容提出一些问题，这类问题一般是封闭性的。

（3）鼓励更深层次的思维活动。有时候为了鼓励学生进行更深层次的思维活动，启迪学生的智慧，使学生对所学内容有更深的理解，教师会提出明确的问题。

2. 设置不同层次的问题

有研究表明，不同层次的问题对学生思维发展的促进作用是不同的，提出高水平的问题，能促进学生高级思维活动的发展，但是由于在标准化的测试中，很多问题测的不是学生的思维过程，而仅仅是学生的记忆、理解程度。从学生的整体发展来看，各种层次的问题都是必不可少的，为了满足学生的长远发展，又为了应对目前的测试，教师就需要提出不同层次的问题，以满足学生学习的需要。

爱因斯坦说过："一个问题的发现或许比它的解决还要重要，问题的解决可能仅仅是教学或实验技巧之类的事情而已。提出新的问题、新的可能性，从新的角度来考虑旧的问题，需要创造性的想象，并且标志着科学中真正的进展。"教会学生学习，要从教会他们提问开始。

3. 问题表述要具体、清晰

问题的表述以简明、学生容易理解为准则。如果是需要提出非常复杂的问题，在关键的问题出现之前，需要作很多铺垫，就最好能把这个问题分开来说，或者教师提前把问题写在黑板上或投影上，让学生能记住、理解这些问题，以避免学生听到题目后把前半部分忘记了。如果能把学生所要用的思维方式确切地表述出来，这对学生的引导性则更强。

二、问答法的案例展示及分析

案例一

《与英国的冲突》教学片段

五年级的学生正在学美国革命战争。前一天晚上，教师布置他们预习社会学课本《美国与它的邻居》的第 274～284 页《与英国的冲突》。当天，学生一排排整齐地坐着，桌上的课本都翻到了第 274 页。

教师：我想知道你认为是什么事件导致了美国革命战争的爆发。让我们集中考虑武装反抗和课税。Jane，发生了什么重大事件？

Jane：波士顿倾茶事件。

教师：好！还有谁来告诉我一些重大事件？

Traceana：第一枪发生在莱克星顿，是英国人挑起的事端。

教师：是的，你说得对，Traceana。但是在那之前还发生了什么？

Jane：哦，人们不喜欢课税。

教师：课税？

Jane：是的，你知道，英国要在进口的每件东西上征税，而美国人不论是否愿意，都不得不为此而付钱。

教师：很好，让我们列举一些税务条例。下面的内容写在黑板上。

（印花税案 汤生关税案）

教师：征收这些税款的理由是什么？为什么殖民地居民不想支付税款？

Brad：这些都是法律。它要求人们为每件东西，如食物、报纸、茶等支付税款。

Jane：是的，波士顿倾茶事件之所以会发生，就是因为他们不想支付茶税。

教师：谁要为汤生关税法案负责？

学生：（一致地）汤生。

……

案例二

《与英国的冲突》教学片段

教师：昨晚，我布置作业，让你们阅读了社会课课本的第274～284页，并依据所读内容列出引发美国独立战争的事件。今天我们将会做两件事：首先，将你们列的清单写在黑板上；其次，我们会讨论这些事件为什么会导致美国独立战争。哪位同学来把你列的清单写在黑板上？

Traceana：庞蒂亚克战争、印花税法案、汤生关税法案、自由之子、波士顿倾茶事件、第一次大陆会议、莱克星顿事件和帕特里克·亨利的演讲。

（Traceana刚停下来，教室里的其他学生便开始窃窃私语）

Frank：在波士顿发生了两件事——大屠杀和波士顿倾茶事件。

Traceana：哦，是的，还有波士顿大屠杀。

教师：让我们一起来看看。Traceana 已经给我们列出了一份很好的事件清单，Frank 加了一条。让我们把这些事件按发生的先后顺序排列起来，给你们 3 分钟时间完成排列。

教师：哪位同学愿意分享你排列的事件顺序？（很多学生都举起了手）好，我看到是 Jane 最早举手，请把你的列表告诉我们。（Jane 说的同时，教师把事件的顺序列在黑板上）

（印花税法案→自由之子→汤生关税法案→波士顿大屠杀→波士顿倾茶事件→第一次大陆会议→莱克星顿事件→帕特里克·亨利的演讲）

教师：同意这个顺序的请举手！大多数学生都举起了手。很好。我们先假定这确实是这些事件的顺序。请准备一张报告表，把你们的表分成三个部分：在左边记录"事件"，把它们按顺序列出；在中间一栏，记下几个与该事件相关的词，标题为"发生了什么"；在右边一栏写出一句陈述，说明为什么是这个事件引发了美国独立战争，把这一栏命名为"为什么它意味着战争"。可以自己完成，也可以小组探讨。

（学生花了大约 10 分钟制好报告表）

教师：我注意到大家都做好准备了，让我们从庞蒂亚克战争开始。你们回忆一下发生了什么，它是如何引发美国独立战争的？

Brad：好，印第安人不想被驱逐出他们的土地，因此他们烧了英国的要塞和美国人的房子。

Jane：是的，这促使英国制定了一项法律，把土地送给印第安人，但移民不喜欢那样。

教师：移民不喜欢那样的原因是什么？

Chris：因为英国要向他们征税。

教师：向他们征税？

Chris：是的。

Trevor：这一项是附加税，而且殖民地居民憎恶课税。

教师：你怎么知道殖民地居民讨厌向英国交税？

Carla：因为有印花税案和其他不可容忍的法案。

Jane：唔，殖民地居民被迫为每件东西交税，而且他们挣不到多少钱，全都给国王了。

Jamie：是的，法律都是英国政府为了压榨殖民地居民的钱财而制定的。

教师：请回想一下你们阅读过的课本，是什么使你认为这些法律让殖民地居民付钱给英国？（孩子纷纷翻阅对应章节）

Shannon：嗯，在第 280 页上。它说殖民地居民打扮成印第安人把从英国运过来的茶扔进水中，因为他们不想为此付税。

Chris：而且第 274 页也说美国人拒绝购买英国原料，"自由之子"迫使商人不再出售来自英国的原料。

教师：请把那一段读给我们听。（Chris 朗读课文）

教师：课税以什么方式导致了美国独立战争？

Joseph：印花税法案让美国人为他们运到英国的报纸付钱，但他们认为英国无权在印花方面征税，因为美国人没有投票选举过议会议员。

教师：我们对此都有很多想法。那么我们用"税款"表示什么意思？

Jane：就是付给政府，维持政府运转的钱。

Trevor：是，你知道的，就像销售税。

教师：我们的销售税是怎么帮忙运转政府的？

Chris：它为政府修学校、修路付钱。

教师：你怎么知道那个？

Chris：咳，上个月我和父母一起去投票表决一项法律。这项法律规定我们要为我们购买的东西付更多的钱。现在买东西花销更大了。

教师：那项税款是怎么帮助政府支付修路和建学校的钱的？

Carla：制定法律的人说要去做这样的事。

教师：好，告诉我一些关于那项法律制定者的情况。

Bobby：他们是议会成员。

Hunter：我们投票支持他们。

Katie：他们代表我们。

教师："代表"是指什么？

Hunter：就像某个人准备代替你说话，因为你不能在那儿。

教师：那么我们投票选出的人以什么方式为我们说话的？

Brad：他们不能代表我。我没有给他们投票。我父母投了。

教师：Brad 提到的这一点很好。她刚才说的情况与殖民地居民的境遇有哪些相似？（一阵沉默，然后 Traceana 讲话了）

Traceana：他们在送钱、交税给国王，但殖民地居民认为他不代表他们。

教师：国王怎么不代表他们呢？他们都是英国国民。

Brad：是，但他们居住在美国，不在英国。英国剥夺了美国人的投票表决权。为此，美国人不能参与英国的投票，因为他们住在不同的国家。

教师：那么，不能投票选出某个人代表你说话，与你面临的父母投票而自己不能投票的情况有什么相同点？

Brad：唔，他们选出人来制定法律，而我不行。如果我不能投票，那么就不会有人考虑问问我的意见。

教师：嗯，现在，Brad 的意见不被考虑与发生在殖民地居民身上的事有哪些相似之处？

Paul：英国制定的法律有利于英国，而且因为殖民地居民没有为某个人投过票，所以他们感到没有人为他们说话。

教师：这样看来，让我们先回到引起这段对话的那个问题：纳税，但不能投票选举某人，修改税法是以什么方式导致战争的？

Marcy：如果你感觉你得不到想要的东西，同时别人还在强迫你为那些东西付钱，这会让你发疯的。

Jane：对，殖民地居民极度愤怒，因为他们被迫为某件购买的东西，如茶叶、印花等交税，而且所有的钱都被送到英国。他们看不到这些税收是怎么帮助他们的。他们认为英国人很自私，因此通过战斗反抗英国人。

教师：让我们讨论一些你们曾经投票表决过的，而且现在正为它而付钱的事。

Traceana：（和其他人都大声嚷嚷）去年，我们表决过穿校服的问题。

教师：好，你们说校服是纳税的一个例子。那我就有点困惑了，表决穿校服怎么还与殖民地居民的纳税问题发生关系了？那么校服事件是通过什么方式与殖民地居民的纳税事件拉上关系的？

Marcy：我们想要校服，因为校服对我们的学校有好处，还因为我们想要穿着校服，我们不介意为此花钱。

Jane：嗯，这有一点不同。我们投票赞成穿着校服，可殖民地居民并没有投票支持税收的税目，却还得被迫支付税金。我们大多数人都为穿着校服投票，现在我们必须为我们的校服付钱。这有点像是一项税金。

教师：但是你刚才说了，你们表决支持穿着校服，而殖民地居民并不支持它们的税目。所以，再来一次，你们投票与殖民地不投票具有哪些相似之处？

Brad：我们中的一些人想要校服，我不想要。

Traceana：是这样的。我们投票决定，大多数人想要校服，所以我们就得到校服了。

Chris：是的。即使我们不想要校服，但是如果投票计算结果显示多数的孩子想要穿校服，那么，我们就都得穿校服。

教师：好，我继续问一个问题，帮助你们了解被代表而为某物付款与不被代表而为某物付款之间的区别。仔细听着，为你们表决过的东西付钱，即使你这一方并未获胜，与为某些他人希望你拥有的东西付钱，而且你还对此没有发言权相比，好在哪儿呢？

Tommy：唔，如果有机会表明你想要什么，即使没有得到你想要的，你也愿意为它付钱，因为规则是我们大家而不是由想要穿校服的孩子制定的。如果其他人说你必须做什么事，而你又没有机会为自己说话，那你就不想为它付钱了。

Jane：就像殖民地的居民，他们希望制定属于自己的法律，但是英国不同意。殖民地居民认为他们应该制定自己的法律，然后才愿意纳税。

教师：Jane，你从哪儿得到那个想法的？

Jane：等等，我知道我在某个地方看到过。（她浏览着课本）

Chris：哦，答案在第275页。上面说美国人厌倦了被征税，厌倦了对如何使用税款没有发言权。他们准备反抗。

教师：谢谢，Chris。让我们花几分钟自己想想这个问题：到目前为止，我们讨论的基础是什么，会导致战争的两个重点问题是什么？

（一段时间的沉默）

Chris：我认为是税，因为人们看不到这些钱是怎么帮助自己的。

Tom：还有选举。居住在英国的人正在替殖民地居民制定税法，而不是由殖民地居民自己制定。

教师：好，这样看来，你们认为课税和不能投票选出能代表他们说话的人是导致美国独立战争的两件大事。接下来，让我们分析一下列出的其他事件，看看能不能找到其他证据来支持我们的观点。

这两个案例讲的虽然是同一内容，运用的是同样的方法，但由于在运用过程中具体的操作方式不同，一个是典型的背书式一问一答，一个构成了教学对话，效果完全不同。让我们来具体分析一下，看看这两个案例中教师运用问答法的优点与不足在你的课堂中是否也存在着。

1. 没有等待时间

有些教师提出问题后，只会等待几秒钟的时间，或者如案例一中的教师一样在问题提出的同时叫出了学生的名字，如："Jane，发生了什么重大事件？"更有甚者，教师在叫起学生后才提出问题来："××同学，你起来回答。"还有的教师在学生给出的答案不是他想要的时急急地把问题转向下一个学生，或者自己把答案赶紧说出来。教师这样做或许有多种多样的理由，比如：课堂时间有限，又有太多的任务需要完成，必须抓紧；不习惯课堂出现沉默或中断的现象；觉得不断有学生回答问题，课堂才热烈，参与的学生才多；教学时太兴奋、太投入了，忘记了等待；根本没有意识到提出问题后需要等待；不想让学生尴尬；等等。但教师这样处理会使学生没有足够的时间对所提出的问题进行思考和组织，这一方面会加大被叫答学生的心理压力，另一方面也不利于获得高质量的答案。最可怕的是，久而久之会使学生形成回答问题前欠思考的习惯。同时，这种处理方式也会使没有被叫答的学生过早地免于思考的压力，流于课堂之外。从案例一中，我们也可以看出：在整个教学片段中，参与回答的同学非常有限，除了教师叫起来的 Jane 之外，只有两个学生参与进来。相比之下，案例二中的教师给了学生更多的思考时间，在组织这堂课之前，教师让学生预习教材，并且要求学生列出引发美国独立战争的事件，这样具体的预习要求，促使学生能对教材进行细致的阅读。上课开始，教师又让学生给这些事件排序，并留出 3 分钟的时间，这个时间使学生有机会对头一天晚上预习的内容进行回忆，再度熟悉教材内容。所以从接下来的学生回答中，我们也可以看出学生给出的答案质量远远高于案例一中学生的答案。在接下来处理"这些事件为什么导致战争"这一问题时，由于这个问题比前一个问题难度要大，教师给了学生更充分的时间，并要求学生用列表的学习策略把他们的思维展示出来，由于学生有时间去思考，同时又明确了怎么去思考这些问题，所以他们能非常积极地参与。在学生回答后，教师也非常有耐心，没有给他们提供任何信息，只是等着学生发现它，或是等着学生借助某些事进行推论，收集和加工知识的任务都由学生自己完成。

2. 提问无序、无梯度

部分教师的课堂提问表现出了杂乱无章，缺乏主次，前后无法贯通。有的教师随意提问，如案例一中，教师在 Jane 提出了课税事件之后，既没有问她依据什么得出这个结论，也没有问为什么这个事件能导致美国独立战争，而是呈现出一份税务条例清单，但这些税务单是由他自己代替学生收集的，没有加入学生的任何思维过程。当 Brad 综述这些法案是什么和征什么税时，这名教师没有继续初始的焦点——"征税的理由"，而是把主题变成"谁要为汤生关税案负责"。整个过程，看不出主体思路。

还有部分教师提的问题停留在一个层次上，无层次感与纵深度。教师这样做或许又有这样或那样的理由，比如，教材限制，要教的知识点太多，还有标准化考试的要求等。其实背后的原因就是教师没有很好地准备，或者在准备时只关注事实性知识点，对学生背后的思维不那么关注。这样的处理，会造成学生对教师的教学很茫然，抓不住教师的教学思路，感觉学习无味，即使获得一些知识，也是零散的。如果问题仅在同一个层次，很难通过教学促进学生的思维。相比之下，案例二中的教师在设置问题的层次和序列方面处理得要好一些，他先是让学生找出事实，然后给事实排序，再找出原因，这几个层次就显示出思维的递进过程。

3. 低认知水平的问题居多

不知道您有没有对您课堂提问的数量进行过统计，如果有兴趣的话，可以选取您自己以提问为主的一堂随堂课，对此进行录像或录音，然后计算一下，在这节课上您提出了多少个问题。再有兴趣的话，还可以计算一下，在这些问题中，有多少是事实性的问题（即记忆性的），有多少思考性的，又有多少只需要回答"是"或"不是"、"能"或"不能"、"懂了"或者"嗯"的。统计出来的数量或许会令您吃惊，因为当研究人员公布"教师在课堂上平均每分钟提2～3问题"的时候，很多教师都是表示质疑的。

美国教育学者在2005年曾经做过一项研究，他们观察95位教师的课堂教学，这些课都是运用问答作为主要的教学方法。结果发现，在15分钟内教师提问的平均次数是43个（每分钟大概2～3个）。我国也有一些学者的研究结果和他们基本一致。

如果问题过多，那么就不可能有太多深层次的问题。有研究表明，在这些问题中，低认知水平的问题居多。有的问题只要求学生重复或辨认教学中所呈现的某些信息，或者只需要解释、作比较，这样的问题学生回答时只需要记忆。东北师范大学一位教师曾对12位英语教师的课堂提问类型做了调查，调查结果表明：84％的教师对课堂提问的类型相当了解，70％的教师认为在自己的课堂教学中所提出的问题有92％是低认知水平的问题，只有8％涉及评价、创新等高认知水平的问题，这一数据也符合国外相关专家与学者对该研究的论证。[①] 在这些低认知水平的问题中，有多数是事实性的问题，考查的是学生对知识点的记忆情况，学生在回答的时候也只需要回忆即可，或者只要在教材中找原话即可，甚至是只需要答"是"或者"否"。例如，某教师在教学《祝福》时提出了这样的问题："祥林嫂的命运是不是悲惨的？祥林嫂失去丈夫是不是很不幸？鲁迅先生将她的不幸总是设置在一个特殊的季节里，那是什么季节？"

之所以提出这么多问题，而且又以低认知水平的居多，教师们也许都有自己的理由。比如，为了追求教学互动与对话效果；为了巩固

---

① 李采. 高中英语课堂提问类型的调查分析 [D]. 东北师范大学，2009.

知识点；为了照顾全体学生，尤其是中等水平的学生；容易设置问题以及对学生回答进行反馈；适合标准化考试的需要；口头习惯；等等。事实上，这种一问一答的形式并没有达到真正的对话效果。"教学对话"最本质的东西是什么？那就是生生之间、师生之间围绕教学目标进行深层次的思维碰撞，这种对话是服务于教学目标的，不是为了对话而对话，也不是对话越多越好，而是为了启发学生思考。对话也不是只排除异己，只寻求教师或参考书中的统一答案，对话有时是启发学生从多角度思考问题、看待问题。但是这样由"满堂灌"到"满堂问"，不但不能启发学生思考，反而会限制学生的思维。试想一下，不要说学生平均一分钟要回答 2～3 个问题，就是平均一分钟回答一个问题，学生又有多少时间去思考教师提出的问题呢？我们都知道，学习不仅仅需要记忆，别人的东西可以记住，但不会转化为自己的智慧，只有加入了自己的思考，并能结合自身所处的情境，赋予这个东西合理的解释和意义，所学的东西才可能转化为自己的智慧，学习的最终意义也便在于此。也可以说，没有加入自己思考的学习不叫学习。美国作家奥利弗·温德尔·霍尔姆斯在散文《早餐桌上的诗人》中把人的才能分为三个层次：第一层次只是简单地、无目的地收集事实；第二层次则能利用收集的事实比较、推理和归纳；第三层次被命名为"带天窗"，意思是这个层次能进一步理想化、想象和预测——思维的光芒来自于天窗之上。学生的思维达到什么样的水平，与教师的问题引导是有一定相关性的。研究表明：教师如果提出那些要求进行分析、综合及判断的问题，则能更好地激发学生进行高层次的思维活动；而如果对这些问题思考得少，这种行为就很少被激发出来。

4. 给学生回答问题的机会不均等

有些教师在提问的时候总是叫那么几个成绩较好的学生，或者只叫前排的同学，有人曾经选取长春市一所重点高中高一和高二两个年级的教师（每个年级选 3 名）的英语课进行课堂观察，其对提问对象观察结果正好印证了我们前面所说的现象（见下表）。[①] 这些教师或许有不得已的苦衷，比如：方便组织教学，有利于教学过程的顺利推进；成绩好的同学往往举手的次数多，为了保持他们的积极性；担心成绩不好的同学回答不好会尴尬；等等。但是这样不均衡的提问，会加速班级学生两极分化。美国学者高尔和其他一些研究者发现，在运用问答法的课堂教学中，被叫起来回答问题的学生比没有被叫起来的学生的学习效果要好。同时，如果每次在提问的过程中教师总是集中地叫那些学生，那么其他学生的积极性往往会被挫伤，因为他们认为教师在提问时心中已有了要叫的人，与自己没有关系，所以也不参与课堂。

排名前 20 的学生被提问次数

教师	排名前 20 的学生被提问的次数	占总提问人数的比例（％）
教师 1	14	70.0
教师 2	15	51.7
教师 3	15	45.2
教师 4	7	44.7
教师 5	15	55.4
教师 6	14	44.7

5. 把提问作为惩罚学生的手段

有些教师把提问作为惩罚学生的一种手段。比如，对于干扰课堂的学生，问一个他不可能知道的问题；明知学生忘记做家庭作业了，专门问他一个家庭作业上的问题；已经看出某学生在开小差，没有听到提的问题，偏要他起来回答。有时甚至在学生回答不出来时再补一

———————

① 杨旭. 高中英语课堂提问存在的主要问题和对策研究［D］. 东北师范大学，2009.

句："就知道你不会，你说你干什么行？不会还不认真！"

有些教师并不认为这是一种惩罚，他们会认为："我只不过是提醒他注意。""我只是想让他接下来能积极一些。"但事实上，这种提问确实带来了惩罚的结果，因为：首先，此做法不太可能让学生积极地参与有意义的学习；其次，此做法会让学生自我感觉很差，信心不足，比回答问题前更紧张（甚至是恼火）；再次，可能会造成师生内隐或外显冲突。① 这样的"提醒"不但没有起到推动教学的作用，反而阻碍了教学。

6. 提问太复杂，措辞不清

教师，尤其是初为人师者，提问时最常见的一个问题就是，运用复杂、模棱两可、会使人产生双重理解的词语。如："通过前面的学习，我们知道摩尔根将基因定位于染色体上，后来证明染色体中只有 DNA 是遗传物质，那么基因与 DNA 是什么关系？"这个问题是如此冗长，等学生听到问题说完时，已经将前面的忘记了。有时，教师也会有意无意地把两个（甚至更多）的问题放在一起提问。比如，案例一中教师提出的"征收这些税的理由是什么？为什么殖民地居民不想支付税款"，这其实是一次提出了两个问题，学生往往会不知道怎么回答，所以会出现要么不回答、要么答非所问的现象。因此，教师在提问的时候，一次尽量只提一个问题，等学生回答完这个问题后，再提下一个问题。

有些教师的问题措词模糊。比如，有位数学教师开讲后，在黑板上先画一个长 9 厘米、宽 4 厘米的长方形，然后根据这个长方形回忆长方形的特点。因为后续的教学要用到"半周长"这个概念，于是教师提出一个问题："长加宽是什么？"由于这个问题内涵指向不明，面

---

① ［美］加里·D. 鲍里奇. 有效教学方法 ［M］. 易东平译. 南京：江苏教育出版社，2002.235.

对这样的问题，学生既可以回答长加宽是"一个长度数"，又可以回答"长加宽是 13 厘米"，也可以回答"长加宽是 9 厘米加 4 厘米"，还可以回答"长加宽是周长的二分之一"。所以学生表现出茫然的表情，教师一看学生迷茫，又赶紧追问一句："长加宽是周长吗？"这个问题又缺乏指向性，这样一来，学生只需要回答"不是"就可以了。教师的本意是为了启发，却没有达到启发的效果。如果教师能通过对原问题的分析，问学生："知道周长是 26 厘米，如何确定长与宽？"这样就会很自然地推导出：已知周长，要定长与宽，那长与宽和周长是什么关系？这种自然而然的方法，可能更能顺应学生的思维特点。

三、问答法的优化策略

（一）等待策略

在学生回答完问题之后，教师不应立即对其回答进行评价，而是等上那么几秒钟，让学生对自己的答案有反思修正的机会，然后再进行评价。

为什么要有等待时间？是为了集中学生的注意力，给学生充分思考的机会，激发学生对问题进行深层思考。有时学生对问题的回答看似简单，其中却包含着学生对问题的注意、理解、组织、回答四个阶段。这四个阶段无论哪个阶段出了问题，都会影响答案质量。如果学生根本没把注意力集中到教师的提问上，那么他肯定回答不了教师的问题。而这个等待时间，给学生提供了注意问题的机会，他可以通过问其他同学，也可以向教师提问："老师，你能把问题再说一遍吗？"从而对教师的问题进行关注，进而去思考。即使学生听清楚了教师提出的问题，那么要回答教师提出的问题，也需要充分调动内在的语言对问题进行思考，这些都需要时间。而在学生回答之后，教师延迟反馈的目的是等待学生对自己的答案进行补充和修正，同时也可以促进其他学生对这个学生的回答进行思考及反馈，以便形成生生间的互动。教师也可以用这个时间思考学生的答案，寻求恰当的对策和组织语言。研究发现，给予学生充分的等待时间，无论是教师还是学生身上都能发生一些变化。对于学生来说：会给出更好的回答；会为他们的观点和结论提供证据；会进行猜测和假设；会提出更多的问题；与同学之间的回应更多；说"我不知道"的次数减少了；参与回答的次数更多……对于教师来说：回应更加周全；提出更少的问题，但问题的认知水平更高；对以往不参与课堂回答的学生的期望增加。

那么，等待多长时间比较合适？这也没有一个确切的答案，等待时间的长短，往往根据题目的难易程度以及回答这个问题需要完成的任务数而定，一般难度的题目，给学生 3～5 秒钟的思考时间就可以了。但是，如果问题有一定的难度，学生需要更多的认知方式参与进去才能组织好答案，那可以适当延长到 15 秒钟或者更长的时间。

（二）叫答策略

1. 广泛叫答

有人曾对提问个别学生与提问面向全体学生的教学效果作过比较，结果发现：在面向全体提问的情况下，学生的表现更积极，学习成绩较好。也就是说，在课堂教学中，提问对象的范围越广，教学效果越好。这不难理解，教师提问面向全体，每个学生就会意识到自己极有可能被提问，这样不管学生出于什么样的动机，是为了获得肯定也好，为了取悦于教师也好，抑或为了不难堪也好，客观上是每个学生都会将注意力集中到学习内容上，集中思考教师提出的问题。同时，教师广泛叫答，每一个学生能体会到来自教师的关注和期望。其实，作为学生都有一个共同的心理，那就是希望得到教师的关注和欣赏，这种心理得到满足的话，学生会产生内在的学习动机。而如果教师每次提问只是问到那么几个学习成绩好的学生，那么被叫的学生可能会洋洋得意、骄傲自满，而没被叫答的学生则会产生"事不关己"的心态，不去思考问题。

有研究表明，按一定的规则进行叫答教学效果好，如按座次、学号、姓氏进行叫答。如果教师按规则进行叫答的话，那么教师需要把这个规则放在心里，尽量不要让学生知道，否则学生能够预见到教师下一个将会问到谁，这样就会有一些学生过早地免于思考的压力而不去思考。

为了保证全体学生都能够集中注意力，教师可以采用以下策略：

（1）摇号。有条件的教师可以设计出一种程序，鼠标一点，全班学生的名字就开始在长条框中滚动，当点停的时候，哪个学生名字停留在长条框中，就由哪个学生来回答问题。

（2）分组。教师把学生分成不同的小组，每个小组都按1、2、3、4、5进行编号，教师在对学生提问的时候，可以在心中考虑到每组中的一个序号。

2. 针对性叫答

教师应针对学生的实际情况，提出不同层次的问题。对于那些基础扎实、思维灵活的学生，提些比较抽象的综合性问题；对于成绩中等、接受能力一般的学生，提中等水平的问题；对于那些基础薄弱的学生，提最基础、最直观的问题。这样，让每个层次的学生都能获得教师的关注，让他们体验到成功的快乐。有时，同一个问题也可以叫学习成绩差距较大的学生来回答，让学习成绩较差的学生先回答，成绩较好的学生补充，教师修正，这有利于让所有的学生从不同层次、不同角度思考问题。

3. 慎用齐答

在教学中，经常会看到教师采用全班齐答的方式，因为齐答省时，可以消除学生的紧张感、畏惧感，学生也能广泛参与。但是齐答也有不利的地方，首先是它不利于学生对问题进行深入思考，因为学生，尤其是年龄较小的学生，都有表现欲和好胜的心理，教师提出问题后，学生会抢着回答。这个过程中，学生关注的是"抢"而不是"答"，"抢"就越快越好，这样对答案的质量以及语言表达的完整性、逻辑性在意得比较少，久而久之不利于学生的发展。其次，也容易打击思维较慢的同学，我们不能不承认，人与人之间在思维上是有差异的，而教师提出问题后，往往是思维较慢的同学刚进入状态，思维较快、学习成绩较好的学生就已经喊出了答案，这会导致部分学生丧失信心。最后，也不利于教师对教学情况的准确把握。教师会以为所有的学生都明白了，其实只是少数优秀生明白了，这就掩盖了教学中的真实信息，不利于教师依据学情调整教学。所以教师在运用齐答时，最好再能叫成绩较差、理解力较差的学生解释一下这个答案是怎么得来的。

（三）理答策略

教师可以对学生的回答做出不同的处理。学生对教师所提问题的反应大致可以分为不回答和回答两类，在回答中又可以分为答非所问和正确回答。对于不回答或答非所问的情况，教师要以尽快的速度寻求造成这种结果的原因。

1. 重申和调整

所谓重申，即教师对自己的问题进行重提。调整是根据情况对自己的问题作进一步的补充或说明，以便学生能更好地理解。

重申适合于学生不回答或者答非所问的情况。一般而言，学生回答不适当（即答非所问）或者沉默有两种原因：一是没听清楚题目，二是对题目的理解有偏差。不同个性的学生在没有听清楚问题时会有不同的表现。没听清楚又自认为听清楚或者善于掩盖的学生会答非所问。外向、严谨的学生会问："老师，你能重复一下你的问题吗?"或者说："不好意思，老师，我没有听清楚刚才的问题。"内向或者要求完美的学生不敢问，或者会为自己没有注意听题目感到羞愧。针对这些情况，教师可以直接问："刚才我问的题目听清楚了吗?""需要我再重复一下问题吗?""你回答了……可我所提出的是……""有关……你作了很好的回答，可你能说说……""你能把我刚才提的问题重述一遍吗?"……

教师可以通过这样的方式，把学生的思维聚焦到自己所提的问题上来。

对于学生没有理解问题而出现答非所问或沉默的现象，教师可以采取调整问题的策略，学生之所以会对教师提的问题理解错误，或许因为教师提问时用词模糊，或者是问题超出了学生的理解水平，通过对问题的进一步解释或者限定，能使学生对所提的问题理解得更加准确，进而才能达到理想的教学效果。

2. 提示

学生回答不出问题的时候该怎么办？大多数教师往往是自己回答这个问题或者再找其他学生来回答。这种方法可以使问题得到快速解决，但最开始被提问的那个学生仍然不会获益。而且，这使得那名学生有失败感，他很可能以后都不太会愿意回答问题。解决这个问题的一个更好的策略是进行提示性提问。

提示性问题会给学生提供回答问题或是纠正先前错误的线索。因此，提示性问题通常是对原有提问的一种细化。看看下面的这一系列提示性问题:[1]

师：x^2 乘以 x^3 的积是多少？

---

[1] ［美］穆尔．中学教学方法［M］．陈晓霞，李剑鲁等译．北京：中国轻工业出版社，2005.254.

生：我不知道。

师：好吧，看看我们能不能把它算出来。当我们把变量相乘时，指数应该怎么办？

生：相乘。

师：不对。

生：相加！

师：对了！那么，如果我们把 2 和 3 相加，结果是多少呢？

生：5。

师：那么 x^2 乘以 x^3 的积是多少？

生：x^5。

师：非常好。

3. 更正

当学生回答错误，在教师的追问下，还是回答不出来，由于教学时间有限，这个答案又不是存在多大的分歧，此时教师可以直接更正。

4. 肯定并表扬

这种策略用于学生回答得自信又正确。这时教师应对学生的答案给予肯定，并相应提出表扬。适当的表扬能增强学生的自信心，使学生体会到被人肯定的快乐，但也并非所有的表扬都有利于学生学习。

但是，如果表扬针对性不强，学生并不知道自己好在什么地方，又棒在何处，那教师的表扬就贬值了。对受表扬的学生来说，尽管他会得到一时的"欢喜"，但长此以往，对于没有付出多少努力就换来的表扬，他们会不以为然。对于没有受到表扬的学生来说，教师的过度表扬也会让他们感到不平衡。有研究者对无效表扬和有效表扬作了比较并指出，被表扬的行为越具体效果越好，对依赖性强、易焦虑学生的表扬效果要好于对自信学生的表扬效果。

5. 重复

重复学生的重要答案，这种策略用于学生回答正确但回答又不是很精练的时候。在学生的回答中，包含着重要的信息，教师可以用自己的语言把学生重要的信息给提炼出来，加以重复，以便学生加深印象；或者是学生只是给出了部分答案，还需要别的同学继续补充，为了强调重要的要素，教师也可以重复前面重要的答案，以便学生注意。比如下面两个教学片段：

《变形记》教学片段①

生：我再补充一下刚才讲的。她说卡夫卡写到格里高尔变成甲虫动弹不得，就是反映了当时社会缺乏人性的东西，生活的压力已经使一个人变成甲虫而毫无知觉，整个人麻木掉了。他对自己的生活没有目标，不知道自己要干什么，只晓得要努力工作去还债。整个人就异化成非人了。

师：也就是说压力大使格里高尔失去了自我，失去了人性中最珍贵的东西——生活目标。就像她讲的，自己没有目标，完全为别人而活，是吧？"非人"整个词用得好，"非人"就是不是人。补充得很好，还有吗？

《最后的常春藤叶》教学片段②

生：第 30 节是对他这个人——他的相貌、肖像作了一个描述。

师：还有吗？除了肖像？

生：他的身份。

师：身份。

生：还涉及了他的性格。

---

① 郑桂华．听郑桂华老师讲课［M］．上海：华东师范大学出版社，2007.83.

② 郑桂华．听郑桂华老师讲课［M］．上海：华东师范大学出版社，2007.141.

师：性格。后面还写到了什么呢？还有他的生活。生活，加一个生活的什么呢？

生：状况。

师：生活状况是一种介绍性的话语，对吧？生活嘛，范围太大了，所以不完整，要加个"状况"，好不好？还有吗？

生：嗜好。

师：嗜好。

生：还有他的理想。

师：理想。

生：与其他"两"人物的关系。

师：哦，与其他人物的关系。大家注意，我写的是什么？

生：俩。

师：如果是"两"，要加一个"个"。

生：两个人。

师：单人旁的"俩"，就是"两人"的意思，这个要注意一下啊。语言表达要规范。这都是小事情，大家经常不屑的。我做语文老师就要求大家都要——

生：记住。

师：好的。还有补充吗？没了？好的，把你的东西梳理一下。我们写了这么多是为了干什么呢？回到我们刚才探讨的话题上来。

生：就是这些地方表现了这个人物。

6. **查核**

当学生的回答是正确的，教师为了了解其他同学是否掌握了这点，就可以运用这种策略。常用的语句是："答案和他一样的请举手？""大家说他的答案对吗？"

如果时间宽裕，全体核查后，可以让其他学生对答案的理解过程进行解释，以确定学生是真明白。

7. 追问

在学生回答问题之后，继续对这个同学发问，目的在于纠正、完善学生的初始答案，或者弄清学生答案背后的思维过程，以便有针对性地进行教学。如下面一位教师的教学反思片段：

陈述句和疑问句教学片段

我教二年级，在给学生进行一次关于陈述句与疑问句的测验以后，我意识到仍有一些学生不理解这两类句子之间的差异。我很迷惑：我把陈述句和疑问句的区别讲得那么清楚，怎么还会有学生出错？因此，我要求学生给我讲了一些他们感兴趣的故事。我告诉他们我会根据他们讲的故事抽出一些句子，让他们加标点。我相信，如果我出的句子能够吸引他们的注意，他们应该能做得更好。我从他们给我的故事中整理出一些句子：

1. 李明有一只宠物蛇

2. 玛丽的生日晚会在 4：00 开始

3. 学校的午餐很差吗

4. 我们 7 月 8 日放暑假

我选出 5 名在上次测验中做得最差的学生，给他们作了有关陈述句和疑问句判断的个别辅导。然后我要求学生给上面四个句子加标点，并分出哪是陈述句、哪是疑问句。这是刘彤做的：

带句号的句子	带问号的句子
李明有一只宠物蛇。	玛丽的生日晚会在 4：00 开始？ 学校的午餐很差吗？ 我们 7 月 8 日放暑假？

针对刘彤的答案，出现了下面的师生对话：

我：是什么让你认为句子 1 应该以句号结尾？

刘彤：唔，李明确实有一条宠物蛇，所以它是个陈述句。

我：什么使它成为一个陈述？

刘彤：它表明李明有什么。

我：你在这个句子中还发现了信息，它提示你这是个陈述句？

刘彤：它有一个名词"李明"和一个动词"有"。

我：好。那么，是什么让你认为句子2是一个问句？

刘彤：玛丽的生日晚会是在7：00开始，不是4：00。

我：所以，什么使这个句子变成一个问题了？

刘彤：晚会不在4：00开始。（我很困惑，但继续）

我：让我们把这个句子先放一下，先讨论句子3。什么使句子3变成一个疑问句了？

刘彤：我认为学校的午餐不赖，但有些同学认为很差。

我：那么，为什么它会以一个问号结尾？

刘彤：因为我们不能达成一致。

我：如果你不同意某件事，它就是一个问句吗？

刘彤：是的。

我：噢，那么句子4又怎么样？什么让你认为它需要加个问号？

刘彤：暑假是7月10号放，不是7月8号。

在这个片段中，很显然，这位同学之所以出错，是因为她用了所述事实是否真实作为判断的依据。如果是真的，就以句号结束；如果不真实，或者她不确定答案，她就以问号为结尾。这种教师看来很不可思议甚至很可笑的逻辑在孩子的心中却存在着，可能有同样思维的还不只是她一个，如果教师不去追问她背后的思维过程，而只是按自己的方式再讲，孩子还是不明白。

追问的方式有很多，如让学生解释，解释式的追问就是让学生对他的答案进行解释说明，使学生对他最初的答案进行反思、理清思路，把思维过程展现出来，从而发展学生的元认知，同时也使其他学生明白。如：

《安塞腰鼓》教学片段①

生：第7节用了排比和比喻，很有气势。

师：排比有气势我能理解，比喻怎么能有气势呢？

生：比喻也是有气势的。把鼓点比喻成"骤雨"，而骤雨就是比较急促、比较雄伟的。用"旋风"比喻"流苏"，用"乱蛙"比喻"脚步"，这些都给人气势磅礴的感觉。

师：你的感觉很好！我发现你的思考很有特点。你能从喻体入手，这是一种很好的思考角度。为什么这些比喻能突出豪迈的气势呢？你能不能讲得更具体、明确一点？

生：这些喻体本身就给人一种气势磅礴的感觉。用它们来比喻的物体，自然也会产生气势磅礴的感觉。

师：他说得很好，喻体是能够传达作者的感情的。作者选择的都是有活力的喻体，都是有速度和气势的。你们看，骤雨有速度，骤雨是急速而来的；旋风是非常快的，甚至带着一种强大的不可抵抗的力量；斗虎，也是有气势的。

支持式追问要求学生从教材中寻求支撑他观点的材料。通常所使用的语句是："你从哪儿得到这个想法的？""嗯，你这个观点不错，教材中哪个地方写了这些？""你依据什么判断？"……

验证式追问有助于加强学生思考的精确性与原创性。在提出验证性问题时，教师就是等着听学生叙述个人经历、引用权威例子或参考书，等待学生把答案概括成极其适合进一步举例说明的结论或者是最适合为讨论中的内容提供证据的一般原则。

验证性问题让学生能够确认他们提供的信息或观点的精确性。通过这一步骤，学生可以把正在学习的与已经知道的联系起来，就能更好地领会主要问题的概念内涵。通常所使用的语句是："你怎么知道……"

---

① 郑桂华．听郑桂华老师讲课［M］．上海：华东师范大学出版社，2007.10.

"你能举出什么例子证明……""你在什么时候,在哪经历过这件事?"

8. 转问

和追问不同的是,转问是在一个学生回答问题之后,教师再转问其他同学,目的是加强学生之间的互动,引出更加多样化的答案。一些关于转问的例子如下:"还有谁?""×××,你怎么看待他这种观点?""还有不同观点吗?""有没有人要补充?"

9. 延伸

教师依据学生的答案,联系其他有关资料,引导学生回答另一主问题。

例如,于漪老师在教《一千万万颗行星》时,一个学生忽然发问:"老师,万万是什么意思?"惹得全班同学哄堂大笑。在笑声中,那个同学猛然醒悟,红着脸,垂头丧气地坐下了。于老师见状,便问大家:"大家都知道万万等于亿,那么这里为何不用亿而用万万呢?"全班同学一下子被问题吸引了过来,最后讨论得出结论:"是汉语言的叠词叠韵之美影响了此处的用词。"对于这个意外的课堂收获,于老师又不失时机地启发大家思考应该感谢谁,学生们对开始发现问题的同学报以热烈的掌声。在这个故事里,于老师顺着学生的问题推出了新的问题——语言知识,从而化解了尴尬。

10. 扩展

扩展就是教师依据学生的答案,补充新资料,提出新见解。如:

《风筝》教学片段①

生:从前面的"我当然得到完全的胜利,于是傲然走出,留他绝

---

① 郑桂华.听郑桂华老师讲课〔M〕.上海:华东师范大学出版社,2007.56.

望地站在小屋里。后来他怎样，我不知道，也没有留心"这句话可以看出他弟弟没有反抗，这说明他弟弟也觉得风筝是没有出息的孩子所做的玩意儿。那么，他也不觉得怨恨他的哥哥。而从"'有过这样的事吗？'他惊异地笑着说，就像旁听着别人的故事一样。他什么也不记得了"这句话中的"惊异""笑着""旁听""不记得"都可以看出他的弟弟已经全然忘却了。

师：她讲得多好！圈出来。你看"惊异地笑着"，表明他不是一般的问"有过这样的事吗"。接下来她又找到"旁听着别人"的"旁听"，还有"什么也不记得了"。但是大家为什么一定要说，就一定应该记得？你们的结论是应该记得，没有忘却。读书要看文章是怎么写的，不是"我以为应该如何"。请记住了啊！接下来我想问，既然弟弟已经全然忘却了，"我"应该轻松了啊，而"我"为什么这么沉重？反过来，如果弟弟记得，他也许就没有那么沉重了。这也就是"我"一直这么沉重的关键，"我"之所以沉重、悲哀，不仅仅因为"我"当年那样一种精神虐杀，更重要的是，你看我们大家都认为不应该忘记，只有三个同学从文章中看出弟弟确实是忘记了，而这么不应该忘记的事情居然忘记了，受害者居然不以为受伤害，这恰恰是我们民族精神中一个很重要的致命点！生活在悲剧中不以为是悲剧。就像前两天《文汇报》报道，专家在谈减负，而最不希望减负的是谁啊？学生。这是多么令人悲哀的事情！我们回去不妨把"我"到底为什么悲哀这一点梳理一下，好吗？

讨 论 法

　　讨论法对促进学生的学习有着积极的作用，但它并不是一种很容易操作的方法，运用不好，容易使讨论流于形式。教师在教学中必须明确教学目标，了解学情，优化讨论策略，才能最大限度地发挥讨论法的优势。

一、讨论法概述

《辞海》中对"讨论"的解释是："探讨寻究，议论得失。"《现代汉语大词典》对"讨论"的定义是："就某一问题交换意见或进行辩论。"讨论教学法指的是在课堂教学中，通过教师的指导作用，以教师拟定的问题为载体，采用同桌之间、小组内部以及全班学生进行集体讨论或者辩论的方式，由学生对书本知识或者背景资料进行探讨、争论、交流，让他们发表自己的看法，进而相互学习，主动获得知识、解决困惑、提高觉悟、培养能力的一种教学方法。我们认为，在理解讨论法的定义时，需要掌握以下三点要义：[①]

第一点，"以教师拟定的问题为载体"和"由学生对书本知识或者背景资料进行探讨、争论、交流、研究"，表明讨论不是让学生毫无根据地随意交流，不是让学生脱离所学内容进行争论，而是让学生围绕教师拟定的问题，围绕书本知识或背景资料进行的，是有一定的目的性、针对性、方向性的，是为了促进学生对书本知识或背景资料的理解。如在学习"我国的社会主义分配制度"时，教师给予背景材料，拟定问题，学生结合书本知识，讨论社会主义分配制度的内容、必然性等。

---

① 刘立新．对历史讨论教学的探讨［J］．教学研究，2003，（1）：64.

第二点，"采用同桌之间、小组内部……让他们发表自己的看法"，是指教师通过引导，将同学们的思维集中到某一个问题上，逐步进行深入探讨，让具有不同知识结构的学生发表各自不同的见解，通过争论、交流，对某一问题形成更深入的了解和认识。讨论不一定能形成统一的结论，即使形成了统一结论，也不一定是老师诱导的结果，而是学生自由表达后真正形成自己的看法。"让他们发表自己的看法"是讨论教学的关键所在。

第三点，在讨论过程中，学生之间是面对面地交谈，相互倾听，相互启发，从而实现了"相互学习"的目标。

在实际教学中，存在着某些教师将问答法与讨论法混为一谈的现象。在此，为了让广大教师能对讨论法有更加清晰的认识，将对二者的区别进行简单介绍。首先，在问答教学中，主要是以师生交流为主，教师提问，学生回答，多为一问一答；在讨论教学中，则主要以生生交流为主，教师抛出问题，通过学生与学生之间的讨论、争辩得出答案。其次，采用问答法所用教学时间通常短于采用讨论法所用教学时间。最后，问答教学中的问题难度一般小于讨论教学中的问题难度。

讨论教学法作为现代教学方法之一，不仅符合新课改对课堂教学方法的要求，还符合社会发展、人才培养对课堂教学方法的要求。因此，可以说，讨论教学法是当前教学中经常运用的教学方法之一，也是现代教师必须掌握的一项基本教学方法。而在当今社会，还有许多教育学者对其进行了广泛的研究和运用，形成了十分丰富的经验与许多有益的成果。如台湾王金国教授提出的"小组讨论法"，上海延安中学特级教师秦璞提出的"主题教学模式"，海南万宁中学的一位老师提出的"讨论式教学方法"，等等。本章节为了能给广大一线教师提供较系统的、操作性较强的指导性策略，将从实际出发，对讨论法的优化策略进行探讨。

1. 帮助学生形成自己的思想观点和见解

苏联哲学家、美学家和文艺理论家米哈依尔·巴赫金提出过对话理论。该理论表达了他对世界的存在状态、构成方式以及创生过程的看法和观点。巴赫金在《关于陀思妥耶夫斯基一书的修订》中说过："生活就其本质来说是对话的。生活意味着参与对话：提问、聆听、应答、赞同等。人是整个地以其全部生活参与到这一对话之中，包括眼睛、嘴巴、双手、心灵、精神、整个躯体、行为。"他克服了唯我哲学思想，认为存在关系中的人的对话交往是发生在主体之间的，自我在建构自身主体性的同时，又将这种主体建构放置在对话的现实社会语境中加以实现。

巴赫金还认为，精神性的存在是人存在的更重要的层面，思想作为人的精神活动的基本形态，具有真正的对话本质，这也是对话的差异性真正具有价值的根本所在。在教学中，存在于老师与学生头脑中的想法只有在对话中才真正成为思想，思想不是生活在孤立的个人意识之中，它如果仅仅停留在这里，就会退化，以致死亡。教师的思想、学生的思想以及文本的思想只有同他人的思想产生对话之后，才能显现自己的意义，亦即才能形成、发展、寻找和更新自己的思想表现形式，衍生新的思想。[①]

因此，对话理论追求的是一种介入双方互为主体的关系，在以互相关联而又自主、独立、富有意义的对话的基础上，通过双方的创造达到各自完善和满足的目的。正是这种对话的存在与延续，使得介入的双方或多方的话语都具有其存在的价值。同时，正是在这种具有生成性的开放空间中，个体才有可能不断展示自我、丰富自我、发展自我、超越自我。

学生之间的讨论行为意味着学生与学生之间确立了一种对话（讨论与交流）的关系，他们在教师的指导下，进行平等对话（讨论、辩论与交流），从而使头脑中的想法在对话中成为思想，并在对话中不断

---

① 郑金洲．教学方法应用指导［M］．上海：华东师范大学出版社，2006．84．

地展示、发展、完善与超越自我。

2. 增强学生思维的灵活性、批判性和深刻性

当问题有许多种答案时，小组的每个成员可以从不同角度对同一个问题进行分析，并全方位地思考、探索，从而形成多种答案或方法。然后，教师可以让持有不同观点的同学进行讨论，思考自己观点的合理性，发现别人观点的创新性，拓宽自己的眼界，对不同的看法形成新的见解，进一步进行深层思考，加深对知识的理解。讨论教学中存在着各种无法预期的观点，学生间会互相质疑对方观点的合理性，这就促使他们在思想碰撞中提出论据、进行论证、解决问题。因此，可以说讨论教学法是避免学生思维惰性的有效方法之一，有助于培养学生的发散性思维，增强学生思维的灵活性、批判性和深刻性。

3. 满足学生多样化的需要

美国心理学家马斯洛认为，人的行为内驱力来自于人自身的需要。他将人的需要归纳为生理需要、安全需要、归属与爱的需要、尊重及自我实现的需要。其中，生理需要、安全需要、归属与爱的需要属于较低层次的需要，尊重需要以及自我实现的需要为较高层次的需要。如果较低层次的需要不能得到满足，就会影响到较高层次需要的满足。在需要层次理论中，与讨论教学法有直接关系的至少有这几种：交往需要、表现需要、求援需要、游戏需要。另一位美国心理学家哥拉斯在马斯洛的需要层次理论上，进一步提出：归属需要、快乐需要等与生存需要一样重要。他认为，当我们的所作所为无法满足我们所想要得到的那种需要时，我们就会感到痛苦；反之，若我们的需要得到满足，快乐的需要也会得到满足。而在学校生活中，归属需要、快乐需要也是影响学生学习的主要需要。

从需要理论的角度分析，学校是学生生活的重要场所之一，同时也是满足学生需要的重要场所。学生到学校来学习和生活，主要的需

要是交往、自尊和归属感等。学生学习成绩不好的主要原因是他们目前的学习行为无法使他们的需要得到满足，所以他们感到痛苦、烦恼，进而不愿学习。只有教师创造条件，满足学生归属感需要和自尊需要，他们才会感到学习是快乐的、有意义的事，才会愿意学习，才有可能取得学业上的成功。而在讨论教学中，通过小组辩论等形式有利于学生找到归属感，满足他们的归属感需要。为了让学生畅所欲言，教师会尊重学生所发表的观点，同时，学生之间相互辩论和倾听，可以让他们学会相互尊重，进而满足他们的尊重需要。此外，讨论教学为学生提供了一个课堂沟通与交流的平台，有助于实现学生与其他同学间的交往需要；通过课堂讨论、回答教师提问，有助于实现学生表现的需要。

4. 促进学生交流技能的提高

在讨论中，学生要对问题进行独立思考，在形成自己的观点、见解和答案后，与小组成员或班级其他同学进行恰当的交流。在交流中学生仁者见仁、智者见智，各抒己见，集思广益，拓宽思路，从而深化知识、顺利解决问题。因此，可以说讨论的过程有利于学生学会正确理解别人的思想，把握别人的情绪、情感。在讨论中出现与自己不同的观点时，学生可以训练自己的情绪控制力、忍耐力，明白只能用证据来证明自己的论点，而不能强迫别人接受自己的观点。当需要驳斥对方的观点时，应该注意自己的表达不能伤害他人的感情，要具有说服力，具有针对性。讨论的过程可以帮助学生学会倾听，发现别的同学身上的闪光点以及见解的独到之处、创新之处，从而接纳他人的观点，发现自己观点的不合理之处并将弃之或改之。讨论的过程还可以帮助学生学会用简练的语言、典型的证据、严密的逻辑、贴切的比喻，清晰地表达自己的观点。这些都说明了讨论的过程有助于提高学生的交流技能。

除了具有以上优点，讨论还具有激发学生的主动性和积极性、提高学生的分析和综合能力、培养学生的创造性、促进学生获取知识与发展能力等优势。

不同的教学方法具有不同的功能，恰当运用教学方法可以帮助教师高效完成教学目标，达到事半功倍的效果；反之，则会产生事倍功半的消极影响。

5. 讨论的形式

从内容上进行划分，主要有四种形式：（1）疑难问题讨论，就教学中出现的疑难问题组织学生讨论，让学生各抒己见，再由老师加以点拨；（2）热点问题讨论，就与该学科知识有关的热点问题组织学生自由发表观点；（3）典型事例讨论，就一些发生在学生身边的典型事例开展相关的讨论；（4）命题引导讨论，对教学中需要解决的一些问题，可以有针对性地指导学生阅读一些书籍，看一些优秀影视片，参观一些展览，然后引导他们联系所学内容开展有命题的讨论。

从规模上进行划分，主要有三种形式：（1）小组讨论，即将全班分为若干小组进行讨论，每个小组指定专人主持；（2）同桌讨论，即让同桌之间就某一问题展开讨论；（3）全班讨论，即让全班同学参与到集体思维共同展现的讨论当中。①

从题目来源上进行划分，主要分为三种形式：（1）在教学过程中，教师对学生在某个问题上产生的认识分歧、怀疑不作正面回答，将分歧点或疑点交给学生讨论；（2）教师在备课中根据教材的重点和难点精心设计讨论题；（3）针对学生关注的热点问题解惑答疑，设计能够达到教学目标的讨论专题。

从时间上进行划分，主要有整堂课讨论和课中讨论。整堂课讨论即讨论贯串了整节课的始终，课堂的主要内容或大部分内容都是通过

---

① 晁玉玲. 高中思想政治课讨论法教学的实践研究［D］. 上海师范大学，2010.

讨论进行的。而课中讨论，顾名思义，所占时间比整堂课讨论少，通常会与其他教学法混合运用，共同实现教学目标。

二、讨论法的案例展示及评析

案例一

《读〈伊索寓言〉》教学片段

这是高中一年级的一堂语文课，在上这堂课之前，学生们已经看过《读〈伊索寓言〉》这篇课文。

（上课铃声响起，课堂安静）

师：（笑）今天这堂课，请同学们继续探讨钱钟书的《读〈伊索寓言〉》，针对课文中的疑难问题，同学们可以大胆地发表自己的见解，可以开放大脑、拓展思维、畅所欲言。

（老师转身，在黑板上写下"开放大脑""拓展思维""畅所欲言"和问题"该不该让现代儿童再读童话故事、寓言故事"，然后朗读课文最后一段）

师：最后一段主要有卢梭和钱钟书的两种观点，同学们有什么疑难问题的话，请结合内部语境和外部语境进行思考、研讨和交流。

生1：我先说吧。昨天刚读课文时，我对卢梭读寓言会坏心术的看法感到很疑惑。因为10年前，我读《乌鸦和狐狸》的故事时，说不清是老师潜移默化的影响，还是自我感知的原因，我和伙伴们都认为狐狸是坏蛋、乌鸦是笨蛋。后来，我想了又想，觉得可能是中西文化差异导致观点不一致的缘故。我们从小接受的教育就是要黑白分明，而在外国，一些小孩子比较喜欢反面人物，认为反面人物比较"酷"，所以卢梭认为读寓言会坏心术。另外，我对课文中的一句话感到疑虑。这句话是："卢梭是复古主义者，主张复古……而我是相信进步的人……"我希望就这个问题和大家交流。

师：你能从中西文化差异的角度来解决疑难，很好！

生2：我认为社会在发展，人的思想也在变化。卢梭是复古主义者，主张复古，这里的"复古"指的是回到以前那种纯朴的状态。卢梭提倡社会应该纯朴一点，而寓言会使小孩子学会坏心术，失去天真，所以他反对小孩子读寓言。而钱钟书是"相信进步的人"，因为他认为太纯朴、太天真的小孩长大后会处处碰壁，毕竟社会不是像小孩子想象的那么简单。作者是用理性的眼光来看待小孩子读寓言的问题的，主要是从社会发展、人性变化的角度来阐述观点的。

师：（点头，面向全班）两位同学对疑难进行了解答，这很好。我们这里没有标准答案，请同学们继续发言。

生3：我认为，应该让现代儿童读童话和寓言。我的理由是，社会是不断发展的，小孩的心智会慢慢从幼稚变得成熟。童话和寓言在小孩子成长的过程中起到一定的作用，它教孩子们懂得什么是是非黑白，教他们学会善良，保持一颗赤子之心，我觉得这一点很可贵。我想，不必担心小孩子会永远沉浸在理想的童话世界里，随着他们年龄的增长和阅历的丰富，他们逐渐地会认识这个世界，成熟地处理问题。所以，我觉得钱钟书多虑了。而且我觉得，人无论什么时候都能保持一颗赤子之心对这个社会来说未尝不是一件好事。

生4：我认为儿童不宜读童话或寓言。因为童话和寓言只反映了社会的某个方面，虽然对儿童了解社会有一定的帮助，但是这种书籍的内容过于简单化，并不像社会现实那样复杂，而且带有浓厚的幻想色彩，太过于理想。如果儿童过多地读这些童话和寓言，他们就会片面地了解社会，把问题简单化，脱离实际，在处理事物方面可能会依赖童话里的模式，容易受伤。

生5：（自信地）我始终以为应该让孩子们阅读童话和寓言。因为童话和寓言给孩子们提供了想象的空间。虽然孩子们的幻想过于离奇，但是如果这种想象力被扼杀，每个人都变得过于现实，社会就不再有情调。至于钱钟书担心孩子们由此变得太简单、太幼稚,我认为没有必要。因为他们别无选择地生活在一个复杂的社会里,这就注定他们会逐渐地趋于成熟和复杂。

师:说到孩子们的想象力,我想起了一个悲剧——陈果自焚。陈果从小就是个想象极为丰富的女孩,不管是在童话世界,还是在艺术的殿堂,她的想象力成就了她惊人的艺术天赋,同时也促使她走进黑暗的深渊。因为耽于幻想、远离现实、不辨黑白,她成了牺牲品。钱钟书的看法不无道理。

(鸦雀无声)

师:这是个小小的插曲,请同学们继续发言。

生6:我是站在生5这一边的。我也认为孩子并不能直接地接触社会,只有通过童话、寓言来认识世界,童话和寓言是他们容易理解、容易接受的。一个孩子看了童话后变好变坏,取决于家长和老师的引导,这当然就涉及教育者的素质问题了。

师:(面向同学)假设有一个孩子读了《狐狸和乌鸦》的故事后,他的姥姥对他说:"你要同情乌鸦。"而他的妈妈对他说:"你要羡慕狐狸。"这个时候,小孩子要听谁的呢?

生7:(非常自信)我认为这个问题应该让孩子长大后自己选择,那时他就自己会认识到什么是对的、什么是错的,就会理性地去看问题。

(下面同学小声议论,表情不一)

师:刚才这位同学提出的是理性地看问题,是从哲学的角度看的。但在日常的生活中,有多少人是这样看待社会的呢?

(学生议论纷纷,某生说了一句:"如果这样,生活就太没情趣了。"多数同学也点头表示赞同)

生5:理性地看问题,较具体全面,从多角度分析问题,对问题的理解也就会更深刻。但有人提出理性地看问题会使生活变得没情趣。我不赞同生7的观点。人生活在人际关系复杂的社会里,他就不仅具有理性，也会具有感性，尤其是孩子。

（鼓掌，许多学生跃跃欲试，课堂气氛活跃）

生8：我比较赞同生5与生3的看法。毕竟小孩子想的都比较单纯，成人应该向他们灌输爱的思想。而童话与寓言里面，好坏分明，童话里的故事都比较简单，如大家再熟悉不过的《白雪公主》，它会在小孩子好奇的心里留下印象，大家会去同情白雪公主并认为善良的人会得到好报。这就启发了孩子善良的心。给孩子爱的教育，这很重要。至于有同学提出运用理性来看问题，我想这对于小孩子来说，还为时过早。所以应当让孩子们多读童话与寓言。

生7：（不服气）刚才这位同学反驳我的观点。我认为，随着社会的变化，人的思想也会随之变化。举一个例子，当路上有一个钱包，里面装有1万元钱，小时候我们就会把它交给老师或警察，那么当我们长大后呢？我想，98％的人会把钱包装进自己的腰包。（得意地笑）

（班上同学纷纷表示不同意）

生9：（开玩笑地）大概只有这位同学会这么做吧！

（全班哈哈大笑，生7有些不好意思，讨论进入白热化阶段）

师：其实生7的观点跟钱钟书的基本上是一致的，就是社会变得越复杂，人性就变得越糟糕。

生10：我赞同读寓言的观点。因为童年是美好的，每个人在童年是最天真无邪的，童话也并不全是些关于愚蠢和狡猾的故事，也有关于朋友之间的友谊的。如果从小就懂得社会不公平的思想，明白人与人之间的利害关系，那么人们从小就学会互相利用而放弃纯真，这是悲哀的。相反，如果小时候能因为童话、寓言的作用，在一个充满想象、友爱和美好的环境中生活，那么在年长以后回忆起这些美好的童年生活，就会觉得这是一种幸福。一个普遍的、有完美结局的童话带给人们的是一辈子的感动，这就足够了。

（鼓掌）

师：你的观点是对钱钟书观点的反驳，正因为人性变得越来越坏，我们才更应该重视童话、寓言的教育作用，更应该让孩子们多读童话和寓言故事。

（讨论进入尾声）

师：（笑）卢梭错了吗？钱钟书错了吗？还是我们同学错了呢？（稍停）都没错。在是否让儿童读童话和寓言这个问题上，卢梭是从教育的角度来看问题的，钱钟书则是从人性变化的角度来看问题的，而我们同学则是从多个角度来看问题的。

（鼓掌。这时下课铃响，全班起立，语文课结束）

案例二

《按劳分配为主体、多种分配方式并存》教学片段[①]

师：在公有制企业中，大家共同劳动，都是企业的主人，为什么一定要实行按劳分配呢？下面，请同学们观看视频《华西村党支部书记吴仁宝的访谈》，然后以小组的形式讨论："为什么华西村存在按需分配？为什么华西村没有全部实行按需分配？兴国县可不可以实行按需分配呢？"（将题目写在黑板上）7～8名同学为一组，各组推选出一名同学为小组长，允许离开座位进行讨论，小组长请将你们这组同学讨论的结果进行总结，10分钟后回答，如有不足的地方，该组其他同学可以进行补充。

（看完视频后，大部分同学离开自己的座位，班级分为4个讨论组，这4个讨论组之间的位置几乎处于一条水平线上，且组间距离不超过1米。小组开始讨论，大部分同学都在说自己的观点、看法，并与其他同学讨论，但也有少数同学不说话，只听别人说，或者自己做自己的事。教师巡视，到各组去听同学们的观点，或者在讲台前等待）

组1：华西村之所以可以实行部分按需分配是因为其村内生产水

---

① 晁玉玲．高中思想政治课讨论法教学的实践研究［D］．上海师范大学，2010.

平高，但是国家实行按劳分配，因此它不能全部实行按需分配。兴国县的经济发展水平还没有达到按需分配的程度，因此，它不能实行按需分配。

组2：华西村之所以可以实行按需分配，是因为它的生产力发展水平高于我国大部分地区，但是其发展水平又没有达到完全按需分配的程度，因此，华西村实行部分按需分配。兴国县的生产力发展水平明显弱于华西村，与我国大部分地区的生产力发展水平差不多，所以只能实行按劳分配，不能实行按需分配。

……

师：同学们回答得很好。华西村之所以可以实行部分按需分配是因为生产力水平高，为了防止人们滋生惰性，又不能全部实行按需分配，还是以按劳分配为主体。兴国县不能实行按需分配，是由现实的经济条件决定的，兴国县乃至我国目前的生产力水平还没有达到实现按需分配的程度，所以兴国县和中国大部分地区一样只能实行按劳分配为主。

为了让大家能有效地掌握讨论法，在此展示了两种不同的案例。案例一呈现的是整堂课自由讨论的过程，显示了教师的引导作用，学生与学生之间积极讨论、争辩；案例二则呈现了课中分组讨论的过程，其中有正确运用之处，也有运用不当之处。而在实践教学中，讨论法存在哪些优势与不足，学者们是怎样划分讨论法的，其运用步骤主要包括哪些，运用过程中教师需要注意什么，需要结合案例对问题进行详细的解答。

1. 没有为讨论做好准备

有些老师认为讨论法的实施主要依靠学生，因而为学生的讨论过程所做准备较少，甚至以教学任务繁重为由，在自身毫无准备的情况下实施讨论。在进入讨论过程时，他们会在没有保证学生对讨论问题的相关知识或资料有充分了解，或者没有向学生交代清楚讨论基本程序和规则的情况下，匆忙让学生展开讨论。讨论过程流于形式，看上去热闹，实质上讨论内容无法深入展开，讨论结论止于表面，某些学生趁机偷懒，讨论优势根本体现不出来。如案例二，讨论并没有深入下去。

2. 教师过度引导

在实际的讨论教学中，教师多重角色转换不当，以权威者为主要角色，低估了学生的智慧，过度引导学生的思维过程，导致学生顺着教师的思路进行讨论，处于被动地位，最后得出的是教师预先设想的结论，而不是学生通过发散性思维得出比较独特的见解。例如，在学完《〈诗经〉三首》这一课时，教师提出了这样一个问题："《氓》中女主人公遭'士'遗弃，其兄又'咥其笑矣'，而《静女》中的'静女'却又为'士'所热恋，如何解释两位女性不同的境遇呢？"在经过讨论后，学生仍未得出正确答案，教师进一步提示："《氓》中的'士''抱布贸丝'，我们可以估计'士'可能是什么人？"（生答：商人）"对，可能是商人。而从《静女》中的'俟我于城隅''自牧归荑'，又可以猜出'我'可能是什么人？"（生答：农民）"对，可能是农民。而商人和农人由于生活环境、方式的不同，行为习惯、思想意识也是有一定差别的，相对来说，农人比较朴素，思想比较纯洁，也许不会像商人那样容易变心，这从后来一些文学作品中也能得到一些验证。当然，这些也只是我个人的观点，亦属一家之言。关于这个问题，大家课后还可以继续进行口头或书面讨论。"[①] 在这个讨论过程中，教师应在提示完二"士"身份不同之后，让学生继续讨论，可教师低估了学生的智慧，让学生回答二"士"的身份之后，就将自己的观点说了出来，这无不显示了教师的"过度引导"。

---

① 余文森，林高明. 经典教学法 50 例 ［M］. 福州：福建教育出版社，2010. 78—79.

3. 教师对学生讨论结论的评价单一、模糊

有些教师在评价学生的讨论结论时，经常采用"很好""不错"等模糊措辞，缺乏实际、具体的内容。如案例二中，在不同组的学生陈述完各自的观点后，模糊地评价"同学们回答得很好"，然后简单地陈述一些该讨论问题的答案，并未发现学生回答中有何异同。

三、讨论法的优化策略

1. 确定讨论目标

在组织讨论前，教师需要结合教学任务明确讨论预期达到的目标。讨论目标能否达到是衡量教师运用讨论教学法是否成功的一个重要标准，也是教师选择讨论内容的主要依据之一。我们认为讨论教学目标应分为两类：[①]

第一类是学术目标。是指让学生通过小组成员的分工合作、相互鼓励，共同完成学习任务，实现学习目标，从而激发个体的学习愿望，并获得对学习乐趣的体验。学术目标的确定要依据学生的学习水平，要与教学任务相适应。

第二类是社会交流技巧目标。指讨论要培养和发展学生的社会交流技巧，如表达、沟通和分享技巧，主动探索技巧，独立思考与问题解决技巧等。

---

① 郑金洲. 教学方法应用指导［M］. 上海：华东师范大学出版社，2006.84.

2. 选择讨论内容，设计讨论问题

讨论内容的正确选择及其恰当设计是讨论法得到高效运用的关键点。原因有二：一是教学时间有限，而讨论需要较长的时间。如果在讨论内容的选择上没有认真考虑，随意运用此法，则可能会造成教学超时，学生分不清楚学习内容的重难点，产生厌烦情绪，从而降低教学质量和教学效率，影响教师教学任务的完成。二是如果只根据教材、教参来选择讨论内容，会造成学生对讨论问题缺乏兴趣，学习动机不强，学生参与讨论的积极性不高，致使讨论教学法失去优势，影响学生的学习效果。那么，怎样选择讨论内容呢？

首先，教学的重点和难点是选择讨论内容、设计讨论问题的主要依据之一。教师可以围绕教学目标，紧扣教材内容，密切联系教学素材，对一节课的重点和难点提出问题，激发学生去思考、讨论，去寻找问题的答案。这样既有利于学生掌握学习的重点、难点，又有利于提高教学效率。案例二便是根据教材重点选取讨论内容，结合材料设计讨论问题。

其次，教师可根据以下内容选择或拟定讨论题目：①

（1）容易在方法、结果上出现意见分歧的内容。这些内容往往容易引起争论，学生在争论的过程中会逐渐自悟个中道理，从而体现讨论学习的价值。

（2）方法不确定、答案不唯一的开放性内容。一些具有开放性、探索性的问题，可用多种方法解决，是很好的激发探究思维的情境，可以让学生从不同的角度进行思考，互相启发。学生通过探讨，能够培养发散性思维，同时对问题的认识更加全面。

如案例一所呈现的，教师根据教材《读〈伊索寓言〉》，设计了一

---

① 陈清容. 为数学合作学习选准内容 [J]. 人民教育，2004，（5）：26—27.

高效教学方法的**优化策略**

个开放性问题，即："该不该让现代儿童再读童话故事、寓言故事？"由于这个问题没有唯一的答案，所以同学们可以根据自己的理解进行发散性思考。

（3）与教学内容密切相关的热点内容，或与学生生活有关的实际内容。这些内容可以使讨论题目接近学生生活实际，引起学生注意、思考与争论，使课堂气氛活跃起来，使学生将实际生活与课堂所学知识联系起来，进而达到理论与实践相结合的目的。如在学习"理想是人生的精神动力"这一知识点时，教师可以设置"你的理想是什么？它对你今后的人生规划有何影响"这样的思考讨论题。[①] 这个讨论题目非常接近学生的生活和思想实际，能够引起学生的强烈兴趣。因为每个人都有人生奋斗目标，年轻人尤其需要远大的理想来引导自己的学习、生活。因此，一谈到理想，学生的话题就会源源不断，讨论的氛围也会变得热烈，他们发言时的主动性与积极性也会得到提高。同时，这个贴近学生思想实际和生活实际的讨论问题可以促使学生的思维活跃起来、情感丰富起来，帮助学生在无形之中进行自我教育，达到智育和德育同时进行的双重目的。

根据讨论内容设计讨论问题，教师需要注意以下几个方面：

（1）符合最近发展区原则，即在考虑学生心理特点和能力水平的基础上，设计难度适中的问题。讨论的问题太容易的话，就激发不了学生的求知欲，没有讨论的价值；讨论的问题太难，就会挫伤学生的积极性，导致他们放弃探索。案例一中，教师是在学生读过《读〈伊索寓言〉》这篇课文后才设计讨论题目，考虑了学生的学习基础。同时，在此案例中，教师多次根据学生的回答提出问题。如在学生回答了寓言、童话故事对孩子影响的好坏较大程度上取决于家庭教育时，为了引导学生深入思考，教师提出了一个两难问题："我们假设有一个

---

① 晁玉玲．高中思想政治课讨论法教学的实践研究［D］．上海师范大学，2010.

 102

孩子读了《狐狸和乌鸦》的故事后，他的姥姥对他说：'你要同情乌鸦。'而他的妈妈对他说：'你要羡慕狐狸。'这个时候，小孩子要听谁的呢？"这个问题具有一定的难度，但很符合学生的实际情况。

学生的认知能力、口语表达能力、批判能力、人际沟通能力、与他人合作的意愿和能力，都是讨论是否能够顺利进行并取得成功的基本要素。教师应根据学生的能力，指引学生进行有效的讨论。

（2）问题要具有一定的开放性和挑战性，即教师要注意从一个新颖的角度去提问，而且所提问题在课本上没有现成的答案。这样的问题可以吸引学生的注意力，挑战学生的智慧和能力，增强学生的学习兴趣，促使他们认真、深入地思考问题，提高他们的思维能力，同时可以拓展学生的思路，培养学生思维的多向性和创造性。案例一中，教师设计的问题是："该不该让现代儿童再读童话故事、寓言故事？""刚才生 7 提出理性地看问题，是从哲学的角度看的。但在日常的生活中，有多少人是这样看待社会的呢？"这些都是没有标准答案的讨论题，在书本中根本找不到答案，但设计的问题却又没有脱离课堂知识，紧密结合了书本知识和学生在讨论过程中提出的各种看法，引导学生深入、全面地思考，在激发学生求知欲的同时，也拓展了学生的思维。

（3）注意问题的关联性。在讨论课过程中，设计关联性较强的问题能够帮助学生形成网络化的知识结构，在理解问题的同时，可以深刻思考问题，发现知识之间的联系。此外，注意将讨论结论融入整个课堂，将问题与书本知识衔接起来。案例一作为典型案例，很好地体现了这点，教师结合课文，设计了一些引导学生进行多维思考的问题。

（4）若为整堂讨论课，提出的问题应具有一定的层次性。提出的讨论问题应遵循由浅入深、由易到难的原则，这样才能满足不同层次的学生，激发学生讨论的热情，真正达到兼顾多层面、提升学生能力的教学目的。例如，对生物基本特征进行描述的讨论题，对于基础较好的学生，可以结合情境进行设问，以培养其信息分析与综合能力。又如，在新授哲学知识"事物发展是有规律的"时，可以设置一些容易入手的问题："规律是一种怎样的联系？怎样的联系不是规律？""规律等于规则吗？"……而在复习这一知识点时，则应该联系前后有关的知识点引导学生进行综合讨论，如："规律与主观能动性的关系如何？""如何按客观规律办事？""客观规律在唯物论、认识论、辩证法、历史唯物主义中分别是如何体现和运用的？"

在实际教学中，教学时间有限，这就要求在一堂课中不可能提出太多问题。为了保证讨论法的优势充分发挥，最好一次讨论围绕一个问题。但是若为整堂讨论，最多不要超过 3 个问题，且设计这些讨论问题时，教师需注意讨论问题的关联性和层次性。

除了以上几项需要注意外，教师还要在讨论前做好充足的准备。一方面，为了精妙地设计问题，教师必须精通课程标准和教材内容，掌握教学的重难点，明确讨论题目。只有这样，教师才能有效地把握学生的讨论进程，调控课堂节奏，保证高效的教学质量。另一方面，教师需要在讨论前了解学生的学习基础，保证学生了解所讨论问题的相关知识。这就要求教师在讨论之前要把与问题相关的各种资料准备好，把相关的知识点充分讲解清楚，确保学生理解深刻。在自由讨论、辩论、交流等讨论形式中，学生常常会提出一些出乎意料的问题或比较新颖的见解，教师需总结这些问题、见解，查阅相关资料，丰富自身的知识储备，为下次讨论做好充足的准备。而在此之前，教师可根据自己的教学经验，做一些教学准备，如设想学生将会提出哪些问题，将会在哪些地方出现意见分歧，应从教学内容的哪个部分引导学生深入讨论等。讨论前，教师还需要对教材内容进行安排，考虑哪些内容需要取舍，从而为讨论法的实施提供足够的时间保障。同时，教师还需要在讨论课中做好组织工作，对分组原则、讨论形式与讨论方式等做好相应的准备。

3. 根据需要确定讨论形式

讨论内容或题目的不同，学生能力水平的不同，要求教师根据需要选择不同的讨论形式。而在实际的讨论教学中，最常用的讨论形式主要有以下三种：

（1）分组讨论交流。将全班学生分成若干小组，各小组成员经过独立思考、讨论交流，形成统一意见；然后每小组派一名代表在全班陈述本组讨论的结果，与其他组进行辩论、交流。这种方式适用于中等难度的讨论题目，各小组在讨论中意见基本可以达到一致。不过，在分组时，教师需要注意该讨论形式适用于规模在 25～40 人之间的班级，一个班的讨论组数最好不要超过 5 组。若为大班化教学，可以考虑将 7～8 名学生分为一组。若组员过多，会造成讨论花费的时间过长，而为了赶时间，完成教学任务，教师给予的讨论时间并不多，这一矛盾将导致组内讨论无法展开，组间讨论无法深入。美国有学者曾经随机抽取了 3～4 年级（小学）的 36 个班级进行了一项为期 6 周的实验研究，结果表明：在互动上，2 人组明显高于 4 人组，学困生在这方面表现尤为突出；在谈话和互相影响两个特质上，2 人小组的得分也显著优于 4 人小组，但 4 人小组能够产生更多的认知冲突。[①]

在实际教学中，常用的分组方式主要有：①固定分组。即根据班级座位较为固定的特点，将同桌或前后桌的学生组成一组。其优点在于随时进行，节省时间。②自由组合。即学生按照自己的意愿进行组合而形成学习小组，组内的成员大多兴趣相近、感情融洽。其优点是有利于激发学生的学习兴趣和培养学生的个性，但教师需要注意小组成员的性格不能都内向，或者对于有一定深度的讨论题目，小组成员

---

① 高向斌. 美国一项合作学习实验研究评价 ［J］. 外国中小学教育，2001，（1）：14—15.

的学习基础最好不要都是比较差的，这样可避免组内讨论无法顺利开展的现象出现。③混合编组。即在组建讨论小组时，尽量保证小组内的学生各具特点，保证小组成员是异质的、互补的。在进行混合编组时，教师要考虑四个因素：一是学生的成绩。为了保证学优生和学困生都可以从讨论中受益，每一个学习小组要包含成绩处于不同层次的学生。二是学生的能力。问题的解答需要学生发挥不同的能力，有的学生口头表达能力强，有的学生观察能力强，有的学生创新能力强，有的学生思维比较深刻，将这些具有不同能力和优势的学生组合在一起，可以提高小组活动效率，促进每个组员全面发展。三是学生的性别。在小组中男女学生混合可以丰富小组成员认识问题、分析问题、解决问题的视角，培养学生的发散性思维。四是学生的家庭背景。学生的家庭背景是影响学生行为习惯、价值观念、思维方式和性格特点的关键因素之一，让不同家庭背景的学生讨论经验有助于他们适应将来的生活需要。①

在案例二中，教师所提问题难度适中，采用了分组讨论的形式，将班级学生分成了 4 个小组，每组人数基本上在 8 人左右。虽然分组讨论比较高效，能在较短时间内解决问题，但是，如案例二所呈现的，分组讨论中，不是所有的学生都能够平等地参与最终交流，会造成一些学生失去表达、体验讨论成果的机会，从而失去倾听一些可贵的观点和建议的机会。此外，在小组讨论时，可能会出现某些学生偷懒、不积极参与讨论的现象，而小组推举发言的代表常为成绩较好的学生，易造成全班性的讨论成为优等生展示和交流的舞台，而某些学生被遗忘。

（2）自由讨论交流。即学生独立思考，不用结伴，自由讨论，独立表达自己的观点并参加全班的最终讨论。这种方式主要适用于开放性比较强、讨论空间比较大的问题，如："你能总结一下改革开放后我

---

①　郑金洲．教学方法应用指导［M］．上海：华东师范大学出版社，2006.86－88.

国在哪些方面发生了变化吗？为什么会出现这些变化呢？"该讨论方式弥补了分组讨论的缺点，可以给每一位学生提供表达意见、发表看法的机会，能够充分照顾每一位学生的情绪与要求。由于问题的开放性较强，有利于活跃课堂气氛，激发学生的学习兴趣和创造热情，提高其创新能力，从而出现富有创造性的观点。不过，自由讨论交流所需的教学时间可能较多，讨论过程中会出现各种各样的问题，对教师课堂掌握能力和课前准备要求较高，如果教师准备、引导不够充分，交流不一定能够达到预期的效果。

（3）辩论交流。即围绕某一有争议的问题，让持不同意见的学生自动形成两组，选出代表作为主辩者，为本方观点与对方进行辩论，其他学生随时支持本组主辩者，补充发言。这种形式最好在规模不超过25人的班级使用，适用于那些有争议、值得研究或者还没有成定论的问题。同时，辩论交流需要辩护双方实力相当，需要学生在引经据典、阐述自己的观点时，能有广阔的知识面和严密的逻辑思维作支撑。

例如，学习"马关条约"之前，教师可以提前提出这个问题："如何客观评价李鸿章在中国近代化过程中的作用，他是功大于过呢，还是过大于功？"因为人们对李鸿章在中国近代化过程中的表现评价一直没有定论，但通常会出现两种争锋相对的观点：一种观点是李鸿章是忍辱负重的爱国者，为古老中国的近代化作出了贡献，所以他在中国近代化过程中是功大于过；另一种观点是李鸿章是奴颜婢膝的卖国者，中国近代主权的丧失，他难辞其咎，所以他在中国近代化过程中是过大于功。探讨这一问题时，对这个历史人物有基本的认识，了解李鸿章为近代中国做了哪些事情，需要学生能够将这个历史人物与中国的近代化过程联系起来思考。所以，教师可以将支持不同观点的同学分成两组，让他们课下查阅和收集资料，在上课时进行持之有据、言之有理的辩论。

辩论交流的方式有利于学生口头表达能力和思辨能力得到有效的提高，有利于学生的竞争意识得到提高，有利于问题得到最大范围和最深层次的讨论与交流。但是辩论的形式所需时间较长，如果学生知识储备不足，或者辩论双方实力悬殊较大，可能会出现冷场或一边倒的现象，甚至会出现一些学生脱离讨论课堂做自己的事。

4. 营造适合讨论的课堂环境

（1）物理环境的营造——合理使用教室空间，科学安排座位。当学生的座位为"秧田式"的排列时，比较适用于以教师为中心的教学方法，而这种学习环境与讨论教学的要求在一定程度上是相背离的。讨论教学以学生为中心，学生活动经常按照成对或小组的形式组织，学生之间的同伴关系和任务小组成了教师注意的核心。[①] 因此，教师在安排座位时需要注意：座位空间的安排既要方便学生进行交流，又要方便教师对讨论进行及时的指导与监控。

若采用分组讨论的形式，安排上要使小组成员能够围成一圈并且相互靠近，从而使他们能够有效地交流而不至于打扰其他小组，更不必为了参加小组活动而不停地跑动。各组间的距离如果过近，那么各组间的讨论就会相互影响；反之，若距离过远，则不利于教师倾听学生的讨论，可能导致教师的监控、指导不及时，出现不积极的学生各做各的事、不参与讨论的现象。通常情况下，学生座位的安排主要有这样几种形式：4人一组的空间结构可以设计为"田字"型，5人或7人一组的空间结构可以设计成"T"型，6人一组的空间结构可以设计为"U"型或"马蹄"型，8人分组可采用双人双排课桌前后相邻等。[②] 其中，最好的座位安排是 U 型座位和环形座位。[③]（下列各图中

---

① ［美］丹尼尔斯等．最佳课堂教学案例：六种模式的总结与应用 [M]．余艳译．北京：中国轻工业出版社，2004.77.

② 郑金洲．教学方法应用指导 [M]．上海：华东师范大学出版社，2006.90.

③ ［美］理查德·I. 阿兰兹．学会教学 [M]．丛立新等译．上海：华东师范大学出版社，2007.378.

一个笑脸表示一个学生）

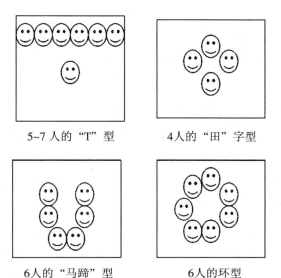

5~7 人的 "T" 型　　　　4人的 "田" 字型

6人的 "马蹄" 型　　　　6人的环型

在案例二中，教师只关注了讨论组的人数，却忽视了讨论组位置的安排（注意，这也是在运用讨论法过程中，大多数老师经常会犯的一个错误），且讨论组间的距离过近，会导致一些组还未讨论出结论，就会听到其他组的讨论过程或结论，进而影响他们自己的讨论。而按照要求，案例中的讨论组为 4 个组，可将这 4 个组安排在教室的 4 个角落，教师位于教室的中间位置，同时，各组成员依据 "T" 型安排座位并进行讨论。这样，组间距离适中，也便于教师进行监督、倾听和引导。

当讨论形式为辩论时，可将班级分成两队，横对横（或行对行），教师处于中间。（如下图所示）

（2）心理环境的创设——宽松、和谐、民主、平等的课堂氛围。融洽、民主的课堂氛围是学生积极参与讨论、畅所欲言的前提。这包含了两层意思：一是营造宽松、和谐的氛围，促使学生进行热烈的讨论，敢于发表自己的看法，与他人进行争辩；二是营造民主、平等的氛围，使每个学生能够有平等的发言机会，没有感到"好生"与"差生"的区别待遇。如果课堂充满严肃紧张的气氛，就会影响学生之间讨论的氛围，压抑学生交流、争辩的积极性，使他们感到拘束，不敢或者不能踊跃地发表自己的见解。既然宽松、民主的课堂氛围如此重要，那么如何营造这种氛围呢？第一，教师要努力构建平等和谐的师生关系，要学会放下老师的架子，保护学生的自尊心，尊重学生的人格，真诚地与学生进行人际沟通，要以宽容的态度鼓励学生积极思考和发言，要有一颗爱孩子的心。第二，教师要注意不能将生活中的负面情绪带入课堂中，在课堂上最好经常面带微笑，这样可以缓解学生的紧张心理。目光不要只停留在某一部分学生的身上，要用慈爱的眼神、鼓励性的语言关爱学生，还可适当用幽默的语言来活跃课堂气氛，拉近师生间的距离，为学生创造安全且轻松愉快的心理环境，使学生能够克服胆怯心理，敢于大胆发言。在案例一中，教师就注意到了笑容的感染力，从讨论开始到结束，都保持着微笑，面向全体学生。第三，教师可通过运用多种讨论形式和方式，努力做到全员参与讨论、机会均等，以避免课堂成为少数优等生的舞台而大多数学生被冷落。第四，教师要调动持不同观点的学生之间展开热烈的争论，避免偏向一方的观点，让双方都能充分发挥能力。教师尤其要注意及时点拨，使学生形成勇于坚持自己的观点但又不固执己见的学风。第五，在讨论教学中，教师要支持与尊重不同学生所持的不同见解。对于讨论过程中发言积极且善于表达的同学，表示对他们的赞赏；对于想发言而又不敢说或者不善于表达的同学，要注意维护他们在同学们面前的形象，千万不能指责他们。

5. 讨论过程中的科学引导

（1）在引导中纠正。当学生在发言中有错误或者无法找到正确答案，致使讨论偏离主题时，教师要及时纠正学生的错误观点，想方设法引导他们辨别正误、进行探索、深入思考。

（2）在引导中监督。无论讨论多么热烈，班级中仍有少部分学生会做自己的事，没有参与到小组讨论或班级讨论中。遇到此类情况时，教师可间接提醒这些学生参与讨论。若是在分组讨论中，可走到那个学生的旁边，问问他的观点、看法，或者是通过提问等方式从侧面督促这类学生参与讨论。但是，当面对那些积极发言的学生，教师应注意不要让个别学生谈得太多，激励全体学生参与讨论，努力做到让发言机会均等。

（3）掌握讨论时间。课堂讨论时间要把握好，既不能太多，也不能太少。只有这样，才能让学生畅所欲言，发表自己的见解，充分展示自己的劳动成果，体验学习的快乐。在案例一中，整堂课围绕着"该不该让现代儿童再读童话故事、寓言故事"这一问题进行讨论，教师很好地把握了课堂讨论的时间，在拓展学生思路、引导学生深入思考的同时，调动了学生发言的积极性，让大多数学生都可以展示自己的思考成果，享受了学习的乐趣。如果没有充足的课堂教学时间，那么可能会造成教师为了完成教学任务，给予学生的讨论时间过短，匆匆地结束讨论；还可能会出现讨论流于形式，讨论的具体内容尚未展开，学生之间的交流沟通止于表面，学生未能对问题进行深层探讨与相互争辩，只能进行简单的观点陈述，发言机会极少会造成学生享受学习乐趣的机会流失，降低学生的学习积极性，让他们缺少展现自己思维成果的机会等。这种形式的讨论与教师的"自问自答"几乎毫无差别，不能充分发挥讨论法的优势，会产生"走形式，无成果"的现象。但是，一堂课的时间为 40 分钟左右，学生的讨论不能漫无边际，为此教师要恰当地提示学生。

6. 及时归纳总结，给予学生鼓励性评价

学生通过讨论所形成的观点结论不一定是正确的，可能存在着逻辑混乱、思维矛盾等缺点，有些看法、见解需要教师发挥引导作用。因此，教师应及时归纳和总结学生的观点。一是教师需及时指出讨论中的错误观点，不能将之搁置起来。如果等过后再归纳总结，就可能会打消学生的求知热情，而及时归纳总结可以避免学生学习错误的知识或形成错误的观点。二是在讨论后教师将学生形成的不同认识加以罗列，进行有针对性的分析，将学生的思维引向深入，根据讨论中出现的不同情况评价学生的讨论结果，帮助学生理顺思路、升华认识。

一般来说，讨论的结果主要有三种情况：

第一，有确定的答案。如案例二所示，教师在教授我国的社会主义分配制度时，讨论了这些问题："为什么华西村存在按需分配？为什么华西村没有全部实行按需分配？兴国县可不可以实行按需分配呢？"这些问题可以结合书本知识得到正确答案。

第二，有多个答案。例如，学习"价值规律的作用"时，请学生讨论："当苹果的价格下降时，你作为种植苹果的果农，会怎样做？"这是一个开放性问题。有的学生会选择不种苹果，看市场上比较缺哪种水果，结合自己的经济条件和种植的地理环境，挑选其他的水果或农产品进行种植。有的学生会选择继续种植苹果。两种方式各有其道理，具备一定的可行性，因此都不能说是错的。

第三，至今没有答案。例如，学习"意识的能动性"时，讨论"人们能否发挥主观能动性在其他星球上继续生存"这个问题便不会有确定答案，但学生通过讨论感觉到人类的主观能动性的伟大，也明白了保护地球的重要性，这也达到了讨论的目的。①

---

① 徐蓓春. 语文课堂讨论的最优化策略［J］. 语文学刊，2002，(1)：80.

在讨论中，教师应运用鼓励性语言，正确评价讨论结果。

首先，在组织讨论过程中及小结时，教师应注意运用鼓励性的语言来评价学生的各种表现，使学生能够以积极进取的态度来参与讨论。因为鼓励的、积极的评价是保持学生的讨论热情和学习兴趣的方法之一。对于能够提出新见解的学生，教师应给予鼓励，帮助学生树立和增强自信心，让他们乐于讨论，以后能以更大的主动性和热情参与课堂讨论；对于踊跃发言但见解一般或观点错误的学生，教师应避免运用否定的评价，可以通过阐述正确的观点，让他们发现自己观点的错误之处或发现自己的见解与正确观点的差异之处，同时可以从侧面表扬这类同学敢于表达自己观点的行为，鼓励他们参与讨论的积极性和热情。在案例一中，教师就很注意对学生的观点进行鼓励和正面评价，如"能从中西文化差异的角度来解决疑难，很好""你们对疑难进行了解答，这很好"等。

其次，应及时统一答案。教师在对各讨论组进行监督和学生发表讨论结果时需要高度集中精力，力求迅速全面地把握各种意见，根据课文内容、生活实际及学生特点等因素果断作出判断，并巧妙地引导学生达成共识。

最后，教师需要理性对待没有确定答案的结果。面对这种情况，教师需要对多样性的结果给予尊重和鼓励性的评价，从没有确定答案的结果中，分析该结论的最优价值及不合理之处，找到合理的论据支撑正确的内容，及时地将不正确的地方给学生指出来，不能随意加以否定和指责。如果有错误明显、不符合客观标准、容易导致不良倾向的观点，教师应该委婉指出，阐明真正的是非标准和科学的价值观、人生观、世界观，从而引导学生树立正确的观念。教师理性地对待无确定答案的讨论结果，有利于学生形成相互尊重的讨论氛围，进而促进学生发散性思维的发展，使学生之间相互学习对方的智慧，并且形成团结而紧密的联系，增强小组乃至全班的整体观念。

练习法

Gaoxiao Jiaoxue
Fangfa De Youhua Celüe

练习法是在教学中运用非常广泛的教学方法。正确运用练习法，能够让学生发现学习中的问题，但很多教师对于如何充分发挥练习法的作用并不是很清楚。因此，教师只有明了练习的目的和意义，才能对练习法进行优化。

一、练习法概述

练习法是指在教师指导下，学生反复多次地进行一种操作，从而巩固知识、形成技能和技巧的教学方法。练习包括重复与反馈，两者缺一不可。离开反馈的练习只能算是机械的重复，只能引起疲劳，而不能起到巩固知识、形成技能的作用。

有研究者给学习下定义："学习是指学习者因为经验而引起的行为、能力和心理倾向的比较持久的变化。这些变化不是因成熟、疾病或药物引起的，而且也不一定表现出外显的行为。"[①] 学习因经验而引起，而经验的获得离不开练习。行为主义学习理论强调"邻近""强化"，认为练习可以加强刺激与反应之间的联结。认知主义学习理论认为学习是人在同外在环境的反复作用过程中完成认知结构的重组。从以上理论中可以看出，练习在学习中具有非常重要的地位。

练习法是一种重要并且运用广泛的方法，它可以有效地发展学生的各种技能、技巧，也能培养学生的自学能力，让学生发现学习中的障碍，培养合作精神，通过表达、交流等方式培养探索精神。在实际运用过程中，很多教师对如何正确地运用练习法以及如何充分发挥它的作用并不是十分清楚，各种程度的误用、甚至滥用这种方法都是很

---

① 施良方. 学习论［M］. 北京：人民教育出版社，2003.5.

常见的现象。下面将从实际案例出发，介绍一下当前中小学教育实践中对练习法的运用情况，也借助案例来讨论有效运用"练习法"的相关策略。

二、练习法的案例展示及评析

案例一

　　　　　　《汉语拼音复习三》教学片段①

师：花果山不仅有桃子，还有可爱的动物、美丽的风景，孙悟空想带你们这些聪明的小朋友去看一看，大家愿意吗？

生：愿意。

师：好，我们现在来到了花果山，我们看到了可爱的动物，它们叫什么呀？（出示投影或图片指导看图，然后由教师领读，学生轮读）

师：我们又看到了美丽的景物。（出示投影）是些什么景物？

生：红梅、柳树、小桥。（师指着图领读）

师：说得不错，同学们看得真仔细！你能给它们取个拼音名字吗？（学生试着拼读，教师领读，再把图与音节连线，学生练习读音）

师：孙悟空真是太高兴了，他还要带你们到他家去做客，见一见他的家人，向你们介绍他喜欢做的事。（进入第三题）

师：请同学们按着横排的顺序读一读、想一想。（出示内容，生开火车轮读、齐读）

师：他家里有哪些人呀？指名读第一排。

生：爸爸、妈妈、哥哥、弟弟。

---

　　① 林晓．课堂实录 1——汉语拼音复习三［EB/OL］．http：//www.doc88.com/p—74053749896.html.

师：谁来把第一排读给大家听？（指名读）读得真好，能把后面的一个字读轻声。（指导学生加上下圆点，教师领读后，指名读，大家齐读）

师：谁来当小老师领着同学们读？（指名领读）再读一读第二排，想一想，这一排说了些什么呀？

生：说了"小鸡、小鱼、河马、水牛"。（反复读）

师：为什么说这些？

生：孙悟空喜欢这些动物。

师：孙悟空在家里最喜欢做什么事情呢？（读第三排）你们会做吗？

生：会。

师：谁能给我们表演一下？

生：读书是这个样子的。（边说边做动作，依次读词语、表演）

师：好，我们来一排一排地读一读，看看谁读得最好。（生归纳，教师指名读，学生开火车读）

师：看来孙悟空做的事情大家都会，孙悟空还会读儿歌、拼图形，同学们和他比一比，看看谁最聪明。

师：跟着老师读拼音儿歌。（老师领读，反复读）小兔、小鸭长什么样儿？

生：小鸭嘴巴扁，小兔尾巴短。

师：你会拼图吗？试试看。（老师示范，让学生分组动手摆一摆）看一看，像什么？

师：我们的小朋友跟孙悟空一样聪明，让我们来做一个"找朋友"的游戏，庆祝我们取得的成绩吧。

生：好。（手持一个字，找它的拼音。跳"找朋友"的舞蹈，边跳边找，一曲完了，找对的同学站到旁边，找错了的，接着跳，找对为止）

（卡片：花、读、画、骑、吃、爱、草、书、马、小车、河）

师：这节课同学们表现得很好，老师真高兴。

案例二

确定位置

师：前面我们学会了用数对确定座位表中同学的位置，现在把座位表改成方格纸上的地图，请同学们用数对确定地图上有关单位的位置。

出示投影：下图是衢江新区有关单位的地图（略）。

（1）衢江一小的位置是（_____，_____），工贸职校的位置是（_____，_____），樟潭小学的位置是（_____，_____）。

（2）（7，3）表示_____的位置，它在横的方向上的格数是_____，在竖的方向上的格数是_____。

（3）用（5，3）表示仙鹤纸业的位置对吗？为什么？

思考题：（x，5）能确定是哪个单位的位置吗？为什么？

上述两个案例对我们来说并不陌生，我们在日常教学实践中经常以类似的练习方式来达成教学目标。在案例一中，为了帮助学生获得汉语拼音识记的能力，这位语文老师呈现每一部分练习内容时都尽量采取直观的方式，无论是韵母还是图画，都涂上了鲜艳的色彩来增强吸引力，这样的设计符合学生的心理及智力发展水平，能够充分引起学生的兴趣，让学生处在活泼乐学的氛围里。与此同时，教师采取了领读、指读、齐读、拼图、找朋友等多种方式，不仅使学生进行了充分的练习，安排练习的次数和时间比较适合，也不会使学生很快厌倦。这样的练习设计，基本上实现了该堂课的教学目标。

但经过进一步考察，我们还可以发现，案例一中的教师设计的练习是面向全体学生的，其出发点是好的，但这样一来，也导致学优生甚至是中等生"无事可做"。练习设计忽略了学生的差异性，练习内容缺乏针对性。这种情况在实践中并不少见，如师问生齐答的现象，表面上看起来热热闹闹，实际上学生得不到思维的提升。再看案例二，教师在练习中安排了4道练习题。前两题是基础题，为必做题；后两题是提高题，为选做题。教师一开始没有让学生做，而是在出示了题目后问学生某一单位应用怎样的数对来确定，让学生进一步确定规则。采用先引后放的方法，这样安排的目的是为了突出教学难点，让不同的学生在数学学习中都能得到发展，使面向全体的理念在练习中得以体现。

应该指出，这两个案例只是部分地展示出练习法在运用过程中需要考虑的某些因素，如练习内容呈现的方式、练习内容的层次设计、开展练习的形式等。那么，我们在教学中运用练习法时，又存在哪些问题呢？

1. 布置大量重复性练习

布置大量重复性练习在我们的教学实践中相当普遍。练习，很多时候体现为作业的形式。因为强调熟能生巧，学生每天便面临这样的作业：不得不抄写生字词 3 遍、5 遍甚至更多遍；数学计算法则要倒背如流。这些练习完全变成了一种机械重复，虽然是"熟能生巧"，但"熟也能生厌"，这样的练习设计既没考虑学生的身心特点，也没考虑到教学内容的特点，完全忽略了要通过练习培养学生的理解能力、实践能力的教学目的。

2. 出示练习题后，学生直接进入独立练习

在教学实践中存在这样的现象：当某个教学内容讲解完毕后，教师出示用来巩固学生知识的练习题，对于动作类的教学，可能是出示练习题后，让学生直接进入独立练习。事实上，学生面对教师所给的练习题，可能还存在着许多困难。比如，关于知识巩固的练习，可能会有审题上的障碍；对于综合性较强的练习，可能对相关知识的整合度还不够；关于动作方面的练习，可能对动作的细微之处还缺乏体会等。因此，出题后，教师应对一些题作些说明，而练习过程中教师的巡视、相机指导也是必不可少的。

3. 同一练习内容面向全体学生

课堂时间有限，因此，教师布置练习时应该精挑细选，要有针对性，既要有适合于基础较差的学生的巩固性练习，又要有适合于成绩中等的学生的应用性练习。

某教师布置了练习题后，让学生在 10 分钟内完成。过了一会儿，一些已经做完的学生无事可做，开始做小动作，左顾右盼、说话，直接影响到其他还没有做完的同学。在这个过程中，教师只要再布置一点机动作业，让那些学优生在完成第一项练习后，再做难度较大的机动作业，他们就不至于无所事事、浪费时间了。

我们最为熟知的一种练习形式——家庭作业，可以说是千篇一律。在我们的教学实践中，很少有教师有这样的自觉意识：针对学生的不同情况布置不同形式、不同层次的家庭作业。结果，基础较差的学生可能还没有通过练习达到掌握要求掌握的知识技能，基础较好的学生却可能因为练习的简单而重复进行着无助于自身提高的无效劳动。

4. 将练习作为一种惩罚学生的手段

有些教师在学生掌握某些知识、技能情况欠佳的时候，往往会让学生进行更多的和该教学内容相关的练习，将练习异化成一种惩罚学生的手段。比如：当学生写错了字，便让学生抄写错字多少遍；数学题演算错误，便让学生将错题重复演算多少遍；更有甚者，在学生违纪时，也以背书、抄写等形式来加以惩罚。大量充斥于学习过程中的已完全变异的练习，极大地降低了学生的学习兴趣，还可能使他们对某些合理的练习方式，如背诵、抄写等，产生抵触情绪。

5. 练习无及时有效的反馈

练习反馈是指教师对学生的练习结果给予回应。恰当的练习反馈不仅能通过师生间的对话调动学生的学习热情，而且能让教师了解学生的知识掌握情况以便调整教学。但不恰当的练习反馈乃至无反馈，会导致教学走向低效。在实际教学中，当学生做完练习后，教师往往没有及时给予有效的反馈，导致学生练习积极性不高。

三、练习法的优化策略

1. 确立明确、合理的练习目标

（1）让学生了解练习的意义

让学生了解练习的意义，并不仅仅指让学生知道通过练习能掌握什么知识或技能，而是在此基础上让学生明了掌握这些知识或技能以后对他的人生、对社会将会产生怎样的意义。帮助学生认识到练习的意义，事实上是让学生了解练习的远期目标，这有助于激发他们的学习动机，使他们对练习的结果充满期待，能更加自觉、积极地投入练习中去。

比如，当学生进行写字训练的时候，告诉学生汉字是中国文化的一部分，一手好字能体现出写字人的文化修养，我国书法作品还常常被作为外交礼物，将中国文化传遍世界各地等。这将有助于提高学生对写字的兴趣。

（2）让学生明确本次练习的目的和要求

每一种练习都有它特定的目的和要求，这实际上是让学生明确练习的近期目标。相对于远期目标而言，练习的近期目标对提高练习效率有更大的作用。

经研究发现，只有最终目标，成绩进步较缓慢；而每周都有一个目标，成绩进步较快。可见，目标越明确、越具体，练习的效果就越好。①

----

① 彭聃龄. 普通心理学 ［M］. 北京：北京师范大学出版社，1988. 527.

练习的目标也为检查和纠正练习结果提供了依据，学生明确了练习的目标，在练习中才有章可循。

2. 有效的管理和指导

（1）进行有效的课堂管理

学生在进行独立练习时可能会面临一些困难，因此教师对学生练习过程进行有效的管理，可以促使学生更加投入地进行课堂练习。有学者针对此提出以下建议：①

＊在学生做课堂作业时，教师应在教室里来回走动，主动给予解释、提问和反馈。

＊与学生进行短暂的接触（约30秒时间）。

＊将教学中难度比较大的材料分解成多个教学和课堂作业穿插片段。

＊对学生的座位进行安排，以增强对学生的监控。

＊建立课堂作业的教学常规，规定学生做什么，当他们完成练习时应该怎么样等。

（2）指导学生练习

学生了解并掌握一定的学习原理、规则、模型，将有助于他们提高自身的能力，使练习达到事半功倍的效果。因此，除了掌握课程标准所规定的知识、能力以外，学生还要进行各种练习。

我们常常通过背诵、抄写等练习形式来掌握事实性、概念性的知识，为避免这类练习变成一种机械重复，可以通过下列策略帮助学生提高记忆力：②

①复述练习。复述在学生保持信息的过程中起着重要作用。研究表明，小学三年级学生在复述时，一般只是根据原文逐字逐句地背诵，

---

① ［美］保罗·R. 伯顿，戴维·M. 伯德. 有效的教学方法［M］. 盛群力，胡平洲，闫蔚等译. 杭州：浙江教育出版社，2008. 200.

② 施良方. 学习论［M］. 北京：人民教育出版社，2003. 437－441.

很少把相关内容联系起来；而六年级学生复述时就比较主动，他们会把各方面的内容联系在一起，但这种情况并非一成不变的。教育心理学家发现，教师完全可以教会小学二年级学生掌握把各方面内容联系起来复述的策略，因为他们一旦学会这种策略后，在以后类似的学习情境里，就会运用这种方法。

刚开始让学生进行复述练习时，可以在课堂进行，随着学生复述能力的提高，可以采取学生之间互相复述、向家长复述，或者是独立进行复述等练习方式。

②视觉映象练习。许多心理学实验结果表明，学生在记忆各种文学作品时，若能对作品中所描述的事件形成视觉映象的话，会有助于记忆。但是，要小学一二年级的学生边阅读边形成视觉映象，似乎没有什么益处，而如果对小学三四年级的学生提出这一要求，他们显然能够在形成视觉映象的过程中有所收获。如果不是要求学生边阅读边形成视觉映象，而是在阅读一段文章之后，想象这段内容的各种情景，则能取得更好的教学效果。

进行视觉映象练习时，与复述练习一样在课堂上进行，教师一开始可以提示学生在文字和所熟悉的视觉映象之间找出联系，当学生自己能比较熟练地建立这种联系以后，鼓励学生在平时的阅读中自行练习，最终达到提高记忆效果的目的。

③组织练习。组织是学习和记忆新信息的重要手段，它涉及把学习材料分成一些小的单元，并把这些单元置于适当的类别之内。这样，每项信息都同其他信息联系在一起。研究表明，记忆能力的提高是组织的结果，因为学生可以用各类别的标题作为提取信息的线索，从而减少回忆时的记忆负荷。

心理学实验表明，小学四年级以下的学生一般还不能自主地对信息加以分类，然而通过教学可以教会他们这种分类的技能，从而提高他们的记忆能力。这种教学包括向学生说明如何把课文分成一些有意义的段落，如何把各种观念组合在一起，如何为每一段落列出小标题等。事实上，教师在教学实践中也常常采用这种方式。通过这样的练习不仅能帮助学生理解文章，也能帮助他们记忆文章。

因此，在日常教学中，教师可以设计相应的背诵练习，并引导学生用分段、列标题等方法。

进行练习的目的不仅在于让学生掌握知识、技能，更重要的是让学生能运用这些知识、技能。这需要教师在设计练习时注意促进学生进行知识的迁移。一般来讲，设计练习时可以从以下几方面加以考虑：练习能够整合各独立的教学内容，沟通学科之间的联系；练习中简单的知识技能与复杂的知识技能、新旧知识之间有相应的联系；练习有助于加强书本知识与生活实践之间的联系。

（3）指导学生掌握正确方法

教师必须通过解释使学生知道正确的练习方法，如果启发学生通过自己的分析掌握正确的方法，就能收到更好的练习效果。

①让学生在练习前明白相关原理。比如，前面提到的写字练习，不管是新学字词还是纠正错字，我们在教学中往往会采用让学生重复抄写的练习形式。实验研究表明，在纠正学生的错别字时，只让学生练习而不向学生讲清道理，效果最差；如果启发学生自己分析字形，懂得字形结构的道理，然后让他们进行练习，效果就要好得多。

实验和教学实践还表明，在算术教学中，与其让学生将运算规则记得烂熟，还不如要求学生在解题的过程中试着说明运算的依据。这样，学生不仅知道了怎么做，而且明白了为什么要这样做。练习不再是一种依葫芦画瓢的形式，而是有助于促进学生对学习内容的迁移。

②分解复杂技能，让学生逐步掌握。对于一些复杂的、难度大的技能，可以设计一系列练习，将其划分为若干步骤，让学生在掌握这些步骤以后，再掌握完整的技能。

3. 科学的练习设计

（1）针对学生的差异设置练习

学生之间的差异是客观存在的，其知识基础、学习能力、学习态度、个性心理等都各不相同，教师应考虑到学生的这些差异，使练习内容有层次感，以适应学生之间的差异性。整齐划一的练习对学生个体来说或者会太简单，或者会太难，都将影响到学生的学习兴趣。

针对不同层次的学生设计练习时，可以从以下方面考虑：必做和选做相结合；简单的知识材料与具有批判性、创造性的练习相结合；复习巩固与预习练习相结合；不同的学生安排不同的练习量。

针对不同的学生设计不同的家庭作业，有研究者提出以下建议：①

一般1～3年级的学生每周可以有1～3次必做的家庭作业，每次不超过15分钟；4～6年级学生每周可以有2～4次必做的家庭作业；7～9年级学生每周可以有3～5次必做的家庭作业；10～12年级学生每周可以有4～5次必做的家庭作业。选做家庭作业的量要根据教师的判断来掌握。这里所说的作业数量是指某一年级所有学科的总作业量。

（2）使练习内容生活化

在设计练习时，教师应注意，将练习内容和生活实际联系起来，使练习内容生活化。如"百分数应用题"课尾练习设计：②

课件显示：阳光小学六（1）班35人，在老师的带领下到附近公园去游玩。售票处写着：门票每人8元，40人可以享受团体80%的优惠。怎样买票花钱最少？同学们，你们说呢？许多学生看了此题后，脱口而出："按每人8元买票，共需8×36＝288（元）。"片刻，有些学生不同意这样买票。"买团体票40张，按原价的80%计算，共需8×

---

① ［美］保罗·R. 伯顿，戴维·M. 伯德. 有效的教学方法［M］. 盛群力，胡平洲，闫蔚等译. 杭州：浙江教育出版社，2008.203.

② 李增道. 课尾练习设计赏析［J］. 教学月刊（小学版），2002，（8）：53.

$40×80\%=256$（元）。""先用 256 元买回 40 张票，再把多出的 4 张票按每张 $8×80\%=6.4$（元）卖给其他游客，又可收回 $6.4×4=25.6$（元），实际只花费 $256-25.6=230.4$（元）。"第三种方法花钱最少。这说明在我们身边就有许多数学问题有待我们去发现、去思考，我们要经常用数学眼光去观察这些实际问题。

与社会、生活实际相联系的练习将大大激起学生的兴趣，调动他们练习的积极性，同时也能提高他们将课堂所学的知识、技能运用到生活实践中的能力。

（3）使练习形式多样化

使练习形式多样化的途径有：

①改变题型。如填空、选择、判断、改错等形式。

②改变练习方式。比如，为了培养学生听、说、读，写的"四会"技能，在课堂教学中可以利用问答、朗读、背诵、听写、默写、造句、看图作文和独立作文等方式，在课外可以组织朗读比赛、外语晚会、外语通信、用外语写黑板报等活动。

③在练习过程中，尽量调动多种感觉器官参与。如果有多种感觉器官参与练习，可以提高脑神经系统的兴奋度，促使学生加速技能的形成和巩固。如前面所提到的听、说、读、写在语言学习中交叉运用，笔练与口答、板演与操作等形式在数学学习中交叉运用，便可以避免单一感觉器官连续活动造成的疲劳。

（4）合理安排练习时间

练习的目的在于使学生对所学知识、某项技能的运用达到熟练的地步，因此如何安排练习时间十分重要。按时间来分，练习可以分成分散练习和集中练习两种。所谓分散练习，是指相隔一定时间间隔进行的练习，各次练习之间安排适当的休息时间。所谓集中练习，是指长时间不间断地进行练习，每次练习不安排休息时间。练习的效果并不是与练习的次数成正比的，恰当分配练习时间非常重要。

分散练习又以先密后疏为好，就是说，在练习开始阶段，每次练习时间不宜过长，各次练习之间的时距可短些，随着技能的提高，每次练习的时间可以长一点，各次练习之间的时距也可以拉长一些。

分散练习和集中练习之间并没有绝对的优劣之分，应因学习者、学习内容的不同来安排。有时可以将集中练习与分散练习相结合，以求得到最佳练习效果。对于背诵诗文、背单词、写字等以识记为主的练习来说，分散练习效果会更好，因为较长时间的集中练习容易削弱学习动机，引起厌烦、疲劳或倒摄抑制。而对于创作、绘画、写报告提纲等活动来说，进行分散练习可能会因为间隔时间长而造成遗忘或生疏，导致思路中断，因此学习这类活动时进行较长时间的集中练习有助于思维集中。

4. 练习反馈

（1）在练习之后尽快提供反馈

在学生练习之后尽快地向他们提供反馈，他们才能清楚自己的表现。因此，教师为学生写好了书面评语后应尽快反馈给学生，尽量不要拖延。

（2）给出具体的反馈

一般而言，进行有针对性的、具体的反馈对学生非常有帮助。比如，用"此处用'处所'这个词太正式了，用'房屋'这个词就很不错"代替"你用了太多过于正式的词汇"，或者用"你手的姿势相当正确，反手击球成功"代替"漂亮的反手击球"，或者用"你的文章有 3 个词拼写错误"代替"拼写错误太多"，或者是在相应的地方做上记号。

（3）根据学生的实际情况反馈

反馈应慎重提出，以便对学习者有帮助。比如，对初学者来说，如果教师给出的反馈太多或者太复杂，学生就会难以把握；而对于已经学过一段时间的学生来说，直接将最基础的东西反复提出来，他们也会反感，不会乐意接受。因此，结合学生对知识、技能的掌握情况，将反馈内容进行适当的变化，是很有必要的。

（4）强调表扬和正面反馈

每个人都喜欢得到正面的反馈，而不是负面的反馈。一般而言，表扬会被接受，而负面的反馈会被抵触。所以，教师应当努力提供正面的反馈，特别是在学生学习新概念、新内容时。然而，当教师观察到学生有不正确的表现时，就应该及时纠正。此时，可以做到以下几点：提出一个和学生答案相符的问题，以维护答错同学的尊严；给学生提供帮助、暗示或提示；等等。

（5）引导学生关注学习过程

在许多时候，初学者总是关注可以测量的表现。比如："我每分钟打了 35 个字，没有任何错误。"教师有责任让他们看到表现结果背后的过程和技巧，帮助学生理解：运用不正确的技巧可能会立刻实现目标，但会抑制以后的发展，一个学生每分钟可能打了 35 个字，可他只用了两根手指，但使用这个技巧是永远不可能达到每分钟打 100 个字的。

（6）教给学生自我反馈的方法

学生会判断他们自己的表现很重要。教师可以通过许多途径帮助学生判断他们自己的表现。可以给学生解释专家在判断一个人的表现时会用什么标准；可以给学生提供机会，让他们对同龄人作出判断，并且与他人进行对照，判断自己有无进步；可以对学生强调自我监测、确立目标的重要性，而不是满足于"外在"反馈。

案例教学法

　　案例教学法是一系列教学方式的综合，它强调教师的教，更强调学生的学。在运用它时，必须将其和一般教学材料及举例教学区分开来。此外，教师必须掌握一套合理的评价策略，以便更好地优化案例教学法。

一、案例教学法概述

案例教学法，就是教师根据一定的教育目的，以案例为基本教学材料，将学生引入某种实践问题情境中，师生共同参与对话、研讨，从而形成对案例中所呈现的问题的认识、理解以及解决方案，以此提高学生对复杂问题情境的决策能力和行动能力的一系列教学方式的总和。案例教学中所用的案例通常是为了达到一定的目的而对具体事物和现象及其发生过程所进行的描述。它在教学实践中的价值在于为学生认识事物提供真实而典型的素材，供学生分析研究、总结规律，从而促进学生分析能力、理解能力以及对所学知识的综合应用能力的提高。

建构主义强调教学内容的真实性与复杂性、开放性，强调学习者的主体性以及知识的建构性；人本主义强调人的主动性、独特性等。这二者都对案例教学有深刻的影响。研究表明，专家思考和解决问题的能力主要依赖于有关学科领域的大量知识。但是，专家的知识是围绕重要概念而联系和组织起来的，它"有条件地"指明了知识可使用的场合，靠理解和迁移（到其他场合）而不仅仅是记忆能力来获得。[①]

---

① 约翰·D. 布鲁斯科特，安·L. 布朗，罗德尼·R. 科金等．人是如何学习的［M］．程可拉，孙亚玲，王旭卿译．上海：华东师范大学出版社，2002.19.

案例教学能有效地促进学生的知识结构快速转变。

现代案例教学兴起于 19 世纪 70 年代的美国，是由哈佛大学法学院院长兰德尔提出的，他强调法律教育中的课程应该主要由案例组成，构成学生学习材料的案例应主要来源于法律实践，来源于各级法庭的判决，他期望在对这种案例的讨论中追寻真正法律意义的演变，从而引出法律原理。与此同时，哈佛医学院引入实验法，确立了一种与其他医学院教学传统不同的教学模式，即"让学生花两年的时间学基础学科，获得医院护理等方面的知识"。案例教学法有助于学生将理论知识转化为实践能力，后来被广泛运用于法学、军事学、教育学、管理学等专业教育学科。

案例教学对我国教育思想和教学方法的全面改革有着重要的推动作用。随着基础教育改革的开展，案例教学法已不仅仅在高等教育领域受到重视，在基础教育领域也得到广泛的重视和应用。但考察当前的案例教学现状，会发现，由于种种原因，一些教师对案例教学法的运用还存在着一些误区，因此没能充分发挥其培养学生时所能产生的积极作用。

有学者指出："案例教学并不单纯是一种教学方法，它实际上是以教学内容的变革为前提的，正是首先有了形形色色的案例，才使得案例教学成为可能；案例教学也不单纯是一种教授法，它实际上是以学生行为的转变为条件的，如果学生仍热衷于自己先前的角色，把自己置身于教学过程之外，只是一个旁观者，案例教学也就失去了意义；案例教学甚至不能简单地定位在方法上，它所涉及的层面是多样、繁复的，如果教育观念还是固着于传递既定知识、培养一统人才上，案例教学的运用也就多余了。"① 由此可见，案例教学是一系列教学方式的总和，它强调教师的教，更强调学生的学，在案例教学过程中，教

---

① 郑金洲．案例教学指南［M］．上海：华东师范大学出版社，2000.251.

师和学生的角色相对于传统教学来说，都有相当大的改变。它不仅仅是一种教学方法、教学模式，也体现为一种教学理念，对于我国教育体制来说，案例教学更重要的是一种教育思想和教育观念的更新，是对传统课堂教学模式的更新。

1. 案例教学中的案例与一般教学材料的区别

案例教学中的案例影响到案例教学是否真正有效。在实践过程中，常常有将练习题、一般阅读材料与案例等同的情况，其原因是忽略了案例教学的本质，教师所期望达到的教学效果自然也难以实现。

"案例"一词含义丰富，据《词源》记载："'例'为确定之成例，'案'为已成之旧案，合而称之为'案例'。"可见，"案例"有用已经发生或被记载的事情来帮助说明或证明某种道理的含义。现代科学上的案例，是指实例、范例、个案、事例、实情、事实、状况等。可见，确保案例教学成功的案例，应该具备以下特点。

第一，案例教学中所使用的案例应该具有真实性、典型性、故事性以及目的性。真实性是指案例能反映社会生活的实际状况并体现其复杂性；典型性是指案例所反映的事实在社会生活实践中有一定的代表性；故事性在案例中体现为事件具有情节上的冲突和发展；目的性则强调案例并非是对社会生活的原样描述，而是根据主要教学目标要解决问题的需要，对事件进行合理的增删，避免提供过度庞杂的信息，以突出主要矛盾来。案例是案例教学的基础，也是整个课堂教学的核心。

第二，案例教学中的案例应该具有高度的实践性。案例教学的目的之一便是提高学生的实践能力，因此教师应提供机会让学生能以案例中的角色进行仿真实践，帮助学生在不离开学校的情况下获得实际决策能力和实践操作能力。

第三，案例教学中的案例能够促进学生互动。案例教学强调师生的参与，教师首先需要营造一种宽松、民主的环境，让学生能够在其中自由设疑、讨论、选择，形成自己的观点和看法。

第四，案例教学中的案例结论应该具有多元性。案例教学的目的是提高学生的分析、决策、实践操作等能力，而不是要学生记住某个结论或者答案。因此，案例教学中的案例结论应该是多元的，这同现实中问题的复杂性是相一致的。

2. 案例教学与举例教学的区别

在教学实践中，存在将案例教学与举例教学相等同的现象。发生这种状况的原因是忽略了教学案例所应具备的特征，没有认识到案例在案例教学中的地位，没能认清案例教学中的案例与其他教学方式中所运用的举例在本质上的区别。

先来看一个教学片段①：在初一学习《承受挫折，适应环境》时，教师选编了刊物《思想政治课教学》中《两只青蛙的遭遇》的案例。两只青蛙在觅食中不小心掉进了路边的一只牛奶罐里，罐里还有为数不多的牛奶。一只青蛙想："完了！这么高的牛奶罐，我是永远也出不去了。"于是它很快就沉了下去。另一只青蛙在看见同伴沉没于牛奶中时，并没有沮丧、放弃，而是不断地告诫自己："上帝给了我坚强的意志和发达的肌肉，我一定能够跳出去。"它每时每刻都在用最大的力量奋起跳跃。不知过了多久，它突然发现黏稠的牛奶变得结实起来。原来，由于它反复跳动，已经把液状的牛奶变成了一块奶酪！不懈的奋斗终于换来了自由，它从牛奶罐里轻盈地跳出来，重新回到绿色的池塘里。而那只沉没在罐底的青蛙，做梦都没有想到会有机会逃离险境。

这个片段所展示的教学过程，我们或许可称之为对案例的教学，却不能称之为案例教学。前面已讨论过案例教学中案例的特点，即案例教学中的案例所包含的问题应该是结构不良问题，而在这个教学片

---

① 余文森，林高明．经典教学法 50 例［M］．福州：福建教育出版社，2010.38.

段中，教师所选的案例已具备一个清晰的结构、一个清晰的目标，学生无需对其进行分析便能得出结论："不懈的奋斗能够换来自由。"这种学习，是利用具体的材料帮助学生对抽象的人生哲学加深认识，但材料本身没有提供给学生分析讨论的空间。常听到一些老师脱口而出："举个例子说……"案例与举例尽管都是教学的辅助手段，都是用来帮助论证和说明某个问题的，但两者有较大的差别。

首先，两者所起的作用不一样。举例是教师讲评知识点的手段，是教师突破重难点的方法；而案例旨在帮助学生在分析讨论中运用知识，形成知识之间、知识与现实之间的有效联结。

其次，两者在教学过程中所处地位不同。案例教学中的案例是教学的核心，学生从案例中发现问题、加以讨论、形成看法、寻求解决方案，整个教学过程都应围绕案例展开；而举例只是用来论证问题的辅助手段，不会像案例教学那样是以案例贯穿始终。

再次，两者的教学目的不一样。举例教学一般来讲是知识型教学，是为了解释自然、社会生活中的种种现象；而案例教学更强调让学生通过案例学习，提高其分析问题和解决问题的能力。

3. 案例教学中是否有关于知识的教学

案例教学要教给学生的，并非我们普遍意识到的结构良好的知识，也非陈述性知识，而是结构不良的知识，是程序性知识和条件性知识。在案例教学的整个过程中，教师都应该时刻注意将相关知识镶嵌在其中，为学生提供解决特定类型问题的模型。

当然，在不同的案例教学形式中，学生获取知识的方法和形式也是有区别的。在案例教学过程中形成了两种基本形式，它们除了具有案例教学的一般特点外，在教学目标、内容与形式上都有很大的差异。

类型1：发展决策能力的案例教学。这种案例教学形式源自工商管理领域，主要用于培养学习者在未来职业中的决策技巧。它要求学习者首先在小范围内对大量的案例资料进行分析，然后再参与到一个教师引导的大班讨论中。这种形式的案例教学，其案例总是作为一种高潮性的活动，最后出现在教学序列之中。

类型2：引导自主学习的案例教学。这种形式的案例教学从医学领域发展而来，有人将其看作基于问题的学习。其主要目的是促进科学知识的学习，而不是为了发展决策技巧。在这种形式的教学中，案例提供了一个真实的情境，用于确定一个问题空间以及帮助学生组织已经掌握的知识。为了理解案例，学生首先要确定他们知道了什么和需要知道什么，然后围绕还需要掌握的知识展开自我引导的学习。由于学习是围绕特定的真实问题展开的，因而有关内容的组织与应用更便于对知识的牢固记忆，同时更容易迁移到相似的情境之中。

两种形式的案例教学比较

	类型1	类型2
教学目标	培养分析问题、制订决策的能力	牢固掌握、应用学科知识
关键学习活动	教师引导下的案例分析与讨论	案例引导下的自主学习
教师的作用	引导者	促进者
案例学习的困难	缺少综合分析问题的能力与经验	缺少有关的学科知识
案例学习在全部学习序列中的位置	靠后	靠前
学习的结果	为决策提供合理的解释，共享对问题的不同看法	为问题提供科学的解释和说明
案例的作用	提供可供讨论的疑难情境，发展决策能力	提供问题情境，引导自主学习

二、案例教学法的案例展示及评析

我们可以通过一则教学案例，看看教师在进行案例教学时，是如何进行相关知识的镶嵌式教学的。同时，我们也可以通过这个案例看出，案例教学虽然发端于专业、职业教育，更多的是用于成人教育，但在中小学普通教育中，它一样有着用武之地。

激情奥运——跳水①

课堂教学实录按0～10、10～20、20～30、30～40分钟四个时段记录。

（0～10分钟）

（一）导入

课件：第二十八届奥运会中国体育代表团夺冠的几个场景。

导语：第二十八届奥运会在希腊首都雅典举行。中国体育健儿在这次奥运会上为国争光，勇夺金牌。同学们都观看了电视转播，你们最喜欢观看什么体育项目比赛？

生：我最喜欢看百米跨栏，刘翔跑得真快。

生：我喜欢看乒乓球比赛。

生：我喜欢看跳水，运动员姿态优美。

生：我最喜欢女子排球。

生：我喜欢看射击，中国队有许多枚射击金牌。

……

师：有许多同学喜欢看跳水，那么你对跳水比赛有哪些了解？

---

① 童富勇．浙派名师课堂教学实录与反思（小学卷）［M］．杭州：浙江大学出版社，2008.149.

生：跳水比赛有跳台跳水和跳板跳水。

生：我知道跳水时水花小，得分会高。

生：中国跳水队是世界一流的。

生：我还知道跳的动作越难，得分会越高。

（二）深入

1. 自我发现，初步探究

师：这里有第二十八届奥运会女子3米跳板跳水的信息。决赛共有5跳，前4跳结束后情况如下。

（课件出示：决赛前4跳郭晶晶领先第二名帕卡琳娜37分，吴敏霞则落后帕卡琳娜1.32分，排名第三，还剩下最后一跳）

师：从以上信息中，你知道些什么？

生：现在郭晶晶暂时第一，帕卡琳娜第二，吴敏霞第三。

生：郭晶晶遥遥领先。

师：预测一下，最后结果会怎么样？

生：郭晶晶肯定会得冠军。

生：我想，如果吴敏霞最后一跳努力一下，冠军和亚军都会是中国队。

生：中国队肯定赢了。

（课件出示三名运动员最后一跳的得分。郭晶晶：65.25分；帕卡琳娜：80.10分；吴敏霞：82.80分）

师：猜测正确吗？（板书学生的初步结论）

师：请你利用学过的知识和方法进行验证，并写出主要过程，进行小组交流。

（10～20分钟）

全班汇报，教师板书。

生：郭晶晶是冠军，因为 $80.10-65.25=14.85$，$37>14.85$。

生：这个算式只能说明郭晶晶比帕卡琳娜得分高，还要用 $82.80-65.25=17.55$，$37+1.32>17.55$，说明郭晶晶比吴敏霞得分高，所以是冠军。

师：你真棒，考虑问题非常全面。

生：吴敏霞得亚军，82.80−80.10＝2.7，2.7−1.32＝1.38。

生：我用估算的方法，80.10−65.25＜37，80.10−65.25＜37＋1.32。所以郭晶晶第一，吴敏霞第二，帕卡琳娜第三。

师：同学们用计算和估算验证自己的猜想，身为中国人，我们为中国运动员勇夺冠亚军而自豪，让我们为中国健儿鼓掌。

2. 深入探究，灵活运用

师：冠军来之不易，你们想知道郭晶晶在决赛的五轮比赛中每一轮的具体得分吗？

（课件出示）

获得 3 米跳板跳水冠军的郭晶晶在决赛五轮中的难度系数与得分如下：

	第一轮	第二轮	第三轮	第四轮	第五轮
难度系数	3.0	3.0	3.1	3.0	2.9
得分	74.70	84.60	81.84	83.70	65.25

师：观察上面的统计数据，你有什么想法和问题？（小组讨论，组长填好记录）

（20～30分钟）

生：什么叫难度系数？

生：难度系数到底与得分有什么联系？

师：谁能解答这些问题？

生：难度系数指跳水动作的难度，动作越难，难度系数越高。

生：难度系数越高，得分越高。

生：不一定难度系数越高得分就越高，从上面的统计表就可以看出来。

师：难度系数与得分有怎样的关系呢？

生：难度系数高，有可能得分高，也有可能得分低。

生：难度系数高的话，跳得好得分就高，跳得不好得分也会很低。

生：我赞成这位同学的看法。

师：我从体育老师那里获得跳水评分的方法。

（课件出示）

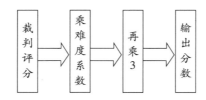

师：这种方法能看懂吗？假设难度系数为 3.0 和难度系数为 3.1 的两套动作裁判都打了 8.0 分，两套动作最后得分是多少？请同学们照上面的方法算一下。

生：$8.0 \times 3.0 \times 3 = 72$，$8.0 \times 3.1 \times 3 = 74.4$

师：观察一下，你发现了什么？

生：在得分相同的情况下，难度系数高得分就高。

生：我还发现得分相同，难度系数只相差 0.1，总分相差 2.4。

师：你们也发现了吗？怎么会这样呢？谁能解释这种现象？

生：这里是相乘的关系，差距就会成倍增加。

师：请自己举例计算证明，难度系数越高，跳得好得分会很高；反之，难度系数高，跳得不好得分也会很低。

生：难度系数 3.0 的得分是 7.0，难度系数 3.1 的得分是 8.0 分。$7.0 \times 3.0 \times 3 = 63$，$8.0 \times 3.1 \times 3 = 74.4$，证明难度系数越高，跳得好得分会越高。

生：难度系数 3.0 的得分是 8.0，难度系数 3.1 的得分是 7.0 分。$8.0 \times 3.0 \times 3 = 72$，$7.0 \times 3.1 \times 3 = 65.1$，证明难度系数越高，跳得不好得分也会低。

师：自己概括难度系数与得分的关系，并与同学交流。

师：小组讨论并交流，郭晶晶在决赛五轮中是怎样处理难度系数与得分关系并取得冠军的？吴敏霞在最后一跳会选择什么难度系数的动作？

生：郭晶晶第一跳选择难度系数中等的动作成绩不太理想，第二跳再选择难度系数中等的动作跳得较好。于是她挑战难度系数较大的动作，成绩有所下降，之后回到难度系数中等的动作取得较好成绩。这里她已经大比分领先，只要保持优势就可以得冠军，所以求稳选择难度系数较低的动作，虽然跳得不理想，但还是获得了冠军。

生：郭晶晶第三跳选择难度系数较大的动作是为了冲冠军，最后一跳时考虑到有明显优势，只要不出意外就拿冠军，所以选难度系数 2.9 的动作。

生：吴敏霞最后一跳前落后第二名 1.32 分，我想她会选一个难度系数稍大一些的动作，这样超过帕卡琳娜的机会大。

生：我想吴敏霞只差 1.32 分，最后一跳会选择难度系数中等但自己最拿手的动作，这样更容易拿高分和超过帕卡琳娜。

师：看来要成为出色的运动员不仅要有较好的体育技能，还需要有数学的头脑，所以学好数学很重要。

（30～40 分钟）

师：其实跳水比赛最后得分裁判是这样计算的。

（课件出示计算方法）

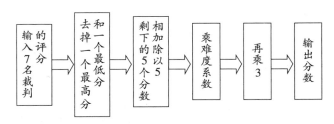

师：你认为哪种计算方法更合理，为什么？

生：第二种方法好，更合理。

生：当然是第二种方法好，去掉一个最高分和一个最低分是为了更公平公正，能防止个别裁判的偏见。除以 5 是求平均分……

师：我们来用这个方法为下面录像中郭晶晶的跳水动作打分，并算出得分。

（全班合作完成，可以用计算器辅助计算）

3. 延伸拓展，探究创新

师：你还在哪里见到过这种计算得分的方法？

生：卡拉OK大奖赛上也是这样评分的。

生：演讲比赛也是这样的。

……

（课件出示）

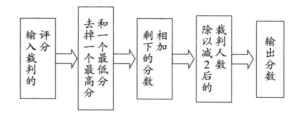

师：这种方法需要我们按一定要求一步一步地操作，这就是一种数学程序。数学程序是数学的重要组成部分。以小组的形式说说，在生活中和学习中还有哪些数学程序？（交流反馈）

生：今天用到的小数四则混合运算就是一种数学程序。先做括号内的，再做括号外的，无论括号内外，都是先乘除后加减。

……

（三）总结

师：通过这节课的学习，你有什么体会和收获？

生：我知道了在跳水比赛中难度系数与得分的关系。

生：难度系数越高且跳得好，得分会越高。难度系数越高但跳得不好，得分就会低。要根据需要选择不同难度系数的动作。

生：我们从小学好数学很重要，做出色的运动员也需要有数学知识，我想其他工作也离不开数学。

在案例中，教师以奥运跳水作为一个事件，形成课堂上学生要参与分析讨论的案例。通过这个案例，教学过程中产生如下问题且解决方式各有不同：根据部分成绩预测冠军，学生用不同的办法解决了这个问题；难度系数的问题和裁判打分的方法，由老师相机介绍这部分知识，然后学生据此对赛场上的实况加以分析讨论；拓展部分则充分体现出前文中所说的"改变案例中局部条件，容易使学生将学习成果应用于真实的情境"。整个教学以案例始，以案例终，既巩固了学生已学的知识，又帮助学生在"奥运跳水"这个事件中发现数学的作用。因此，整个教学，充分体现出案例教学的特点：帮助学生将知识结构化，并使他们在情境中以角色参与的方式进行实践操作。

案例教学并无固定模式，一般而言，如果以案例教学的动态过程为中心，可以将案例教学的实施过程分为课前准备、课堂实施、课后巩固几个环节。

1. 课前准备

课前准备应综合考虑支撑案例教学的各个条件。

首先，进行多种形式的座位排列，以提供畅通的交流渠道为目的。

其次，学生的准备包括：仔细阅读案例或其他阅读材料，完成标准化作业和类型化作业。

学生课前阅读案例时可参照以下方式进行：[1]

（1）阅读篇首的几段话，然后尽可能快地浏览一下其余内容，问一问自己：这个案例大致讲了些什么？我要分析的是什么类型的材料？

（2）仔细地阅读案例，抓住关键性事实，然后问一问自己：这个案例要解决的基本问题是什么？你要尽可能地从一个学校管理者或老师的角度来思考问题，要有一种真正涉足教育实践疑难情境的感觉。

（3）在草稿纸上写下关键性内容，然后再通读案例，分门别类地列出每一问题的重要材料。

---

[1] 郑金洲．案例教学指南［M］．上海：华东师范大学出版社，2000.59.

（4）通过对案例材料的分析，提出一系列解决问题的建议或者思考。

上述建议是针对案例教学而言，但其中所强调的了解案例内容、类型、待解决的基本问题以及以案例中的角色身份去思考问题等，都是学生在为课堂学习做准备时应该去做到的。

为了更有效地提高课堂上的发言效率，教师在课前应针对案例进行小组讨论。研究表明，小组成员以 3～10 人为宜。小组讨论既可以避免课堂讨论在低水平问题上重复，也可以避免小组成员在大班讨论时逃避发言或蒙混过关。

老师的准备包括：精选案例并在课前仔细研读案例，把握其中的内容，只有对案例中所反映或包含的知识具有透彻的认识，掌握比学生更多的信息，才能更好地引导学生发言和讨论；根据学生情况、课程目标、案例目标确定教学重点；拟订课堂教学计划，确定课堂进行的大概流程，预测可能会发生的情况和所采取的应对措施。

下面介绍一位哈佛商学院教师所谈的案例准备工作步骤，这对我们做好自己的准备工作具有一定的参考价值，步骤如下：①

（1）相当仔细地通读案例，在一些重要的句子下面画线，找出案例中的关键性问题，这时不作太多的分析。

（2）再通读一遍案例，这次对案例中的材料作一些分析。

（3）找出案例中至关重要的或者说独一无二的问题。

（4）思考在课堂中案例讨论的顺序。

（5）判断出是否只有一种分析序列，是否可以认同其他的序列。如果只有一种序列，那么就可以依此组织教学；如果不止一种，就要询问学生："关于这个情景，你是如何思考的？"

（6）如果案例的分析序列不限于一种，接下来面临的问题就是如

---

① 郑金洲．案例教学指南［M］．上海：华东师范大学出版社，2000．65．

何帮助学生形成严密的逻辑分析序列。

（7）评估一下，在课堂讨论中是否会出现一种观点占上风的现象，或是否会展开真正的讨论。如果是一边倒，就要想办法扭转；如果在一些重要问题上，学生不能引发讨论，就要从案例中的某些材料出发激发学生的思维。

（8）从对学生的已有技能及背景等的了解中，思考学生在这个特定的案例上到底能做些什么。如果案例对学生来说过于复杂，可能就要对学生予以引导；如果不是太复杂，可能就要尽可能地敦促学生参与。

2. 课堂实施

案例教学的课堂实施集中体现在学生对案例发表自己的见解，并与教师、同学形成讨论和对话。学生在参与讨论的过程中加深、修正对案例的认识，对案例中所反映的问题形成解决设想、策略的同时，使自己的知识结构化、条理化。

在案例教学课堂实施阶段，学生应做到善于倾听并积极思考，加入讨论，对案例进行分析时，可以借鉴下面的模式：[①]

（1）决定案例中的事实或现象。

（2）讨论必须解决的议题。

（3）列出赞成和反对两方面的事实。

（4）在讨论赞成和反对（正和反）两方面的事实之后，作出决策或判断。

（5）列出决定的原因——怎样才是公正的。

在教学实践中，（3）和（4）两步往往进行不够充分。这意味着在对案例进行分析讨论时，在对各种观点进行归纳的基础上作进一步的

---

① 钟启泉．研究性学习案例解析［M］．上海：上海教育出版社，2003.93.

讨论、修正的功夫还下得不够。在案例教学的实施过程中，教师的指导和介入是不可或缺的。因此，在对案例进行分析讨论的这一阶段，为了促进整个案例教学的顺利进行并取得成效，教师还需要从以下几方面加以努力：

（1）使讨论井然有序，促使学生尽量发言。

（2）关注学生思考和发言动向时，能敏锐地发现介入时机，提出切中要害或关键性的问题，澄清学生的观点并加以呈现；激发学生进一步思考或是帮助学生调整自己的视角，从而去注意更为重要的问题。

（3）容纳不同意见，给每个学生展示自己观点的机会，但也要集结学生的讨论意见，帮助他们思考和改进自己的想法。

（4）根据讨论问题的重要性恰当地分配时间。

（5）关注课堂中对讲解、提问等形式的运用。有效的提问可以帮助学生澄清自己的思路，明确自己的观点，教师应该用讲解的方式引入某些概念，考查案例讨论中的某些重点，着重强调案例的某些方面，指出在讨论中容易忽视的问题，或者点明每一个问题解决方案所隐藏的陷阱。

（6）当学生向老师提问时，不隐藏自己的观点。

（7）对讨论予以总结，会促进学生的学习进程。

（8）把握案例全部事实，重点内容做到心中有数，充分借鉴教学参考中对目标、重难点、教学技巧等方面的建议。

教师在案例教学过程中充满智慧地介入，将避免学生讨论时各行其是或彼此之间无交流的状态出现。

3. 课后巩固

在案例教学授课结束后，教师应给学生布置适宜的作业，以巩固课堂教学效果。这些用以巩固教学效果的作业可以根据上课内容以及学生的实际情况，采取写个人反思日记、整理课堂笔记、撰写案例分析报告等形式。

授课过程中，教师应让学生认真做好课堂笔记。当授课结束时，教师应提醒学生及时借助笔记对课堂内容进行反思，对讨论中出现的观点、形成的方案再次加以思考，辨明观点形成的原因，思考自己选择某一方案的依据等。可以在课后设置与课堂教学所采用案例相似的生活场景，让学生去解决类似的问题，这也是一种很好的对所学技能加以巩固的手段。如案例中讨论完跳水的评分手段后，教师便将这种方式拓展到其他比赛场景中去，使学生能更熟练地把握这种评分手段。

三、案例教学法的优化策略

要对案例教学进行优化，就必须有一套合理的评价策略。合理的教学评价会对案例教学起到诊断、辨别、指导、激励的作用，在对案例教学进行评价时，应注意量化评价与质性评价相结合、形成性评价与终结性评价相结合，既要关注学生知识技能的掌握情况，也应关注学生在案例教学过程中精神、态度方面的变化和成长情况。同时注重让学生成为评价主体，参与到评价体系中来。成功的案例教学离不开课程内容特别是案例的编写与开发，也离不开教师合理的指导，对案例教学的评价也应该包括对这些方面的评价。我们在设想案例编写和教师指导都处于较理想状态的情况下，重点讨论在案例教学中如何对学生的表现进行评价，以期通过这些评价帮助学生认识自己、改进学习方法、提高学习效率，也为教师改进自己的教学提供相应的信息。

1. 评价指标

要进行案例教学评价，了解案例教学目标的评价指标是基本前提。国外学者巴赫指出，在案例教学中，一般要达到七个行为目标和三个过程目标。①

行为目标1：通过案例教学，学员要能针对某一情境作出具体的决定，并能将其应用到有关的实际情境中去。

行为目标2：通过案例教学，学员要能表现出较强的思维能力，也就是说，思维要具有严密的逻辑性、清晰性和连贯性。

行为目标3：通过案例教学，学员要能对问题情境作出有说服力的分析。

行为目标4：通过案例教学，学员要能识别并确定那些与案例密切相关的基本要素和问题。

行为目标5：通过案例教学，学员要体现出应用定性分析与定量分析的愿望和能力。

行为目标6：通过案例教学，学员要能超越具体的问题情境，要具有更为广阔的视野和多种多样的能力。

行为目标7：通过案例教学，学员要能利用可能的资料对问题情境作相当具体、深入的分析，并且能够制订出相当具体、完备的行动计划。它与上述目标的不同之处在于，不仅是要作出一项决策或谈谈自己对某一问题的认识，而且要有更多的细节性的、具体的内容。

由于有些案例教学过程较长，并且随着案例教学过程的展开，学员逐渐会对自身的参与有更多的认识，因而案例教学的过程有时也会体现出这样的三个目标。

过程目标1：学员必须要参与到案例教学的过程中去。

过程目标2：学员必须切实做好课前准备，并且将自己作为教学过程的一个有机组成部分。

过程目标3：学员在教学中能够口头表达出自己的思想与观点。

案例教学的教学目标并不止于这些，上述目标能为我们进行案例

---

① 孙军业．案例教学［M］．天津：天津教育出版社，2004.169.

教学评价提供一个基本参照。这些目标涉及学生的精神、态度、知识、技能以及过程、方法等多方面。因此，在进行案例教学评价的时候，以上述目标为参照，运用试卷、观察、自我反思评价等方法，便能对参与案例教学的学生学习情况有较为全面的把握。

2. 评价方法

（1）案例测验

案例教学能够帮助学生形成相关事件的解决办法的图式。学生是否已具备案例中所需要的理论知识、实践技能，教师通过相似案例便可以考查得知。因此，案例测验是对学生的案例分析能力进行评价的好方法。用案例对学员的学习情况进行测试，首先就要选择能够测试出学员实际学习能力的案例。用以考核学员分析能力的案例是否恰当，应考虑案例教学中所采用的案例要求学员所掌握的概念、技能等。一般情况下，只用一个案例就检测出学生的实际水平并不是一件容易的事情，因此在测试时教师往往要找到或编写出几个案例来对学员进行检测。

案例检测是一种量化评价，因此在选出供测试的案例之后，教师要做的第二件事，就是要确定案例测试的等级标准。虽然案例各有不同，难以为学员确定明确的等级要求，但一般说来，下列标准是需要注意并加以运用的：[①]

第一，至少要辨别出案例中 80％以上的问题。

第二，应该鉴别出案例情境所隐含的主要假设。不同的学员以同样的材料为基础，可能会认识到不同的假设。

第三，必须要表明分析的方法是正确的。

第四，接受或反对某种备择方案的理由，应与案例的假设一致，与案例材料所给出的解释一致。

---

① 孙军业．案例教学［M］．天津：天津教育出版社，2004.189.

根据所选用的测试案例的具体情况，教师可参考这些标准，将案例中的问题、条件、细节罗列出来，然后根据学生的答卷情况，计算出其得分。

（2）观察法

在案例教学的过程中学生的参与度也是我们在评价时应该考虑的内容。这方面的评价是关于学生精神和态度方面的评价，往往需要采用观察、问卷调查等方法，通过观察学生的外在行为，达到评价其学习态度、课堂参与度的目的。需要指出的是，这些评价标准可以由教师制订，也可以是教师和学生商议确定，并在教学之前让学生明确，这将有助于使评价真正起到导向的作用。

一般说来，教师可以根据下表列出的 14 个项目评价学员的教学参与是否有意义。①

学员教学参与意义评价表

序号	项　　目	是	否
1	案例分析较为全面、深刻，对理解问题有帮助。		
2	指出了案例中需要进一步改善的某些方面。		
3	能够有意识地把学到的有关理论知识与案例整合起来。		
4	所掌握的理论与案例的整合符合认知的逻辑结构，得出的结论较为合理。		
5	能够对别人的观点（包括教师的观点）提出挑战。		
6	对案例中蕴含的情境有独特的认识。		
7	提出的问题解决方案具有创新性。		
8	确定了案例中的关键性假设。		
9	提出了行动或实施计划的建设性意义。		

---

① 孙军业．案例教学［M］．天津：天津教育出版社，2004.187.

续表

序号	项 目	是	否
10	能够用图表等直观形式反映出案例中所涉及的数据或内容。		
11	陈述过程条理清晰。		
12	对他人观点表现出较为得体的尊重。		
13	运用定性分析，坦率地表露自己的倾向、立场和价值观。		
14	作出有意义的总结。		

在进行实际评价时，可以由教师掌握这张评价表，每项后面再划分出相应的等级。在进行案例教学的过程中，随时记录下学生的表现情况。这些评价属于形成性评价，即反映出学生在学习过程中的表现以及需要改进或提高之处，它与案例测验一起，能够反映学生整体学习情况。

（3）自我评价

自我评价是学生根据评价标准对自身学习情况的一种认识和判断。这种判断以学生对自己原有水平的认识和判断为基础，对于自我认知能力还不够强的学生来说，他往往会根据上一次的评价结果来评判自己。学生的自我评价过程也是学生进行自我反思的过程，是学生个体成长和发展的需要。通过与自己以往水平的纵向比较，与客观存在的评价标准甚至是和一起学习的其他学生进行横向比较，能对自己的学习状态有比较清楚的认识，有利于学生激发内在的学习动力，养成良好的行为习惯，并对自己的行为进行不断的检查和调整。坚持让学生进行自我评价，有助于学生形成自我反思、自我调整的有效机制；有利于学生和教师共同承担评价的责任，消除教师与学生之间可能出现的对立情绪，使评价成为学生的事情，也使评价结论更容易为学生所接受，最终帮助学生成为独立的终身学习者。

学生进行自我评价，可以结合前面提到的教学目标以及参考观察法所用的条目形成相关标准，也可以根据下表所列的项目，通过反省、师生互动、教师点评等途径，对自己形成正确的认识，完成自我评价。

学生自我评价参照标准

序号	项　　目	是	否
1	能够对别人的观点（包括教师的观点）提出挑战。		
2	能够有意识地把学到的有关理论知识与案例整合起来。		
3	指出了案例中需要进一步改善的某些方面。		
4	能坚持自己的观点，并能作有条理的陈述。		
5	能对他人的观点表现出较为得体的尊重。		
6	能积极参与讨论，并认真倾听别人的发言。		
7	能体现出应用定性与定量分析的愿望和能力。		
8	能对问题情境作出有说服力的分析。		
9	能利用可能的资料对问题情境作相当具体、深入的分析，并且能够制订出相当具体、完备的行动计划。		
10	能识别并确定那些与案例密切相关的基本要素和问题。		
11	愿意在课前做充分的准备工作。		
12	案例教学完成后，能针对某一情境作出具体的决定，并能有意识地将其应用到有关的实际情境中去。		

　　在实际的案例教学评价中，需要将各种评价方法结合起来运用。教师将各种评价方法所反映出的信息赋予不同的权重，在最后的总评中，应包含各种评价方法的评价结果。

合作学习法

合作学习虽然是在近现代才被提出来，但实际上很早就存在。合作的类型有很多，如拼接式、小组调查式等。在运用该教学方法时，教师不仅要掌握合作类型，还要明确任务要求，把握合作时机，对其进行优化。

一、合作学习法概述

合作学习法是目前在世界范围内被广泛运用的课堂教学方法之一，各国对合作学习虽然在具体称谓上不太一致，如欧美国家称"合作学习""协作学习""合作授课"，苏联等国家称为"合作教育学"，在我国称"合作教学"或"合作学习"，但是它们却有着许多共同的教学理念，都是为了达到同一种教学目标而采用的一种教学方式。我们知道，课堂教学目标体系大致可以分为三大类：个体化目标体系，即完成任务体系不需要与他人互动，与其他人表现好坏无关；竞争性目标体系，即其他人不能实现目标，只有自己才可以实现目标；合作目标体系，即只有与自己相关联的其他人实现目标，自己才能实现目标。合作学习就是为了满足合作目标而采用的教学方式。

合作学习这个名称被提出来虽然比较晚，但是作为一种理念，很早就存在。早在两千多年前，我国古典教育名著《学记》中就有"独学而无友，则孤陋而寡闻"的记载，强调学习者在学习过程中的合作。在西方，公元1世纪，古罗马昆体良学派就指出，学生们可以从互教中受益。合作学习法20世纪60年代末、70年代初在美国正式兴起，这种学习方式的提出主要有两个背景。第一是寻求机会均等的尝试，当时美国社会反种族歧视的呼声不断高涨，改善处境不利的少数民族的学生（主要是黑人）的地位，改善不同种族的学生在学校、课堂中的人际关系的呼声也不断高涨。为此，合作学习的倡导者认为，仅在教材中增加有关内容是远远不够的，因为课本本身不能代替人际交往，切实可行的办法是在校内、班内建立起不同种族间学生积极的、建设性的人际关系，这样才能消除种族间的隔阂、歧视和冷漠等现象。第二是通过改变教学方式来提高学生的学业成绩。班级授课制在发挥自身优势的同时，也显示出某些不足之处，在这种状况下人们提出各种改进的办法。合作学习的倡导者主要关心在课堂教学的过程中如何体现教师与学生的相互作用。最终于 20 世纪 70 年代初在美国兴起了现代合作学习理论，并在 70 年代中期至 80 年代中期取得实质性进展。由于它能改善学生的合作技能与行为，加强学生对多元文化的理解，大面积提高学生的学业成绩，很快就引起了世界各国的关注。

我国自 20 世纪 80 年代末开始在课堂教学中引入小组活动，由此引发了对合作学习的探讨。从浙江杭州大学教育系的合作学习小组教学实验，到 20 世纪 90 年代中期山东教育科学研究所开展的"合作教学研究与实验"，以及近年来主体性教育实验组对小组合作的探讨，这一系列的教育科学研究和教学实践活动推动了合作学习在我国的发展。2001 年《国务院关于基础教育改革与发展的决定》中又专门提及了合作学习，指出："鼓励合作学习，促进学生之间的相互交流、共同发展，促进师生教学相长。"接着，各科课程标准中也明确倡导合作学习方式。目前，合作学习法在我国已被广泛运用于中小学的各科教学中，但由于合作学习在我国仍属新生事物，要想真正科学有效地运用合作学习法，就需要教师正确理解其基本内涵，把握它的精神实质。

在我国的教学实践中，经常可以看到这样的教学场面：教师一说"合作学习开始"，几个学生便围坐在一起进行讨论；讨论后，教师依次听取各组汇报；汇报完毕，合作也宣告结束。那么，讨论和合作是不是一回事呢？是不是合作学习时就必须讨论呢？事实上，学生围坐在一起进行简单的讨论，不一定会出现合作的效应，合作学习也不一定都要坐在一起讨论。据专家分析，只要具备以下几个要素，便构成合作学习：相互积极地支持与配合；在完成共同任务的过程中积极承担个人的责任；所有学生能进行沟通，小组成员之间相互信任；小组对个人完成的任务进行完善，对活动成效进行评估。

我们认为，合作学习和讨论的主要区别在于，讨论只是为了解决某一个问题，而合作学习更多的是要培养学生的合作意识；讨论不需要对学生进行严格的分工，也不严格要求成果共享，讨论过程中组员之间的依赖性没有合作学习中那么强；讨论是合作的一种形式或者是一个环节，合作学习除了讨论这种形式外还有其他的形式。

在国外，合作学习有很多具体的形式，这里主要介绍几种运用较为普遍的合作学习形式。

1. 拼接式

拼接式是由美国社会心理学家艾略特·阿伦森于 1978 年提出而由斯赖文完善的。阿伦森先把学生划分为小组，并且只给每一个小组成员一部分学习材料，而所有学生所得到的学习材料拼凑起来才能形成完整的学习材料。这样，学生为了要拥有整个课业的完整内容，不得不将他们的学习材料拼凑起来。假若有一个小组成员没有分享其他成员的材料，那学习就不可能会是完整的，此种形式因此而得名。这种合作形式最根本的目的在于通过类似于拼图的学习过程，培育学生之间的互赖性，让他们更好地享受学习、体验学习。一些实验证明，在同样的任务中，运用了拼接式合作学习方式的人更自信，更善于表达自己的看法。

拼接式合作学习适用于描述性的学习材料，所学的内容最好是可以分解的事实性、分析性的知识，而不宜为某种技能。

拼接式合作学习的具体步骤如下：

步骤 1：将学习内容分成相对独立的几个部分。

步骤 2：对学生进行分组。组员数和学习材料份数相同。合作学习被提出来后，出现许多不同的形式，但不管是哪一种形式，首先都是根据"组内异质，组间同质"的原则进行分组。

步骤 3：假若是第一次运用拼接式，要在教学开始前向学生介绍拼接法进行的步骤，以便学生有序操作。

步骤 4：组成专家组。小组内每位成员先按要求通读教师布置的学习材料，熟悉基本内容和有关名词。接着，小组中的每一成员被分配一部分学习材料并负责研读该内容。然后，让不同小组中学习相同部分的成员组成"专家组"，这些成员就构成了学习这部分内容的"专家"，他们共同学习和研讨。其间，教师可给予一定的指导。待这些"专家"对所负责的部分内容形成清晰的理解之后，这个临时"专家组"的使命也就完成了，"专家组"解散，这些"专家"需要回到各自原有的小组中去。

步骤 5：轮流教授。专家组活动之后，学生回到各自的小组，轮流教授自己负责的那部分内容，设法指导小组中的其他成员掌握自己所精通的那部分内容，直到所有成员都掌握整个学习内容。

步骤 6：小组和个人成绩测评。在各个小组活动都结束后，教师对全班学生进行测试，测试的内容包括学生本次合作学习的全部教材内容。测试后对学生的成绩进行个人和小组评定，学生的个人成绩并非原始测验的分数，而是与过去相比的进步分数，即由原有的学习成绩确定各自的基分点，基分点则是过去成绩的平均值，然后由测验分数与基分之差计算提高分数，作为个人成绩，具体成绩评定方式见下面两个表。

小组成绩是组员成绩的平均值，优胜组可以得到证书或其他的奖励。

个人成绩表

测验分数	提高分数
低于基点分数以上	0
低于基点 10 分以内	10
高于基点 10 分以内	20

续表

测验分数	提高分数
高于基点 10 分以上	30
最佳作业（不计基分点）	30

测验分数单、提高分的计算表

组别_____

学生 \ 次数 日期 分数	第一次测验 日期___月___日			第二次测验 日期___月___日			第三次测验 日期___月___日		
	基础分	测验分	提高分	基础分	测验分	提高分	基础分	测验分	提高分
A									
B									
C									
D									
小组分									

这样测评有两个好处：一是使学生意识到自己的学习成果和其他组员的努力是分不开的，同时也能意识到自己对其他的同伴学习所应担负的责任，培养学生的责任感。二是在这样的评价过程中，个人成绩的评定采取的是自我纵向评价，这样能使学生觉得自己只要努力就能取得成功，无论原先的成绩好坏，对小组的贡献都是相同的，这不仅增强了学生的自信心，使他们有成就感，而且也避免了个别学习成绩不好的同学在分组时不被接纳的尴尬。

2. 小组调查式

小组调查法最初由西伦提出，后来，特拉维夫大学的沙若和他的同事扩展并重新界定了这一方式。小组调查可能是合作学习中最复杂、最难实施的方式。小组调查法与拼接法不同，它不但要求学生拟定学习的主题，还要求他们计划调查的方式。与以教师为中心的教学方式相比，这种方式需要制订更严密的课堂规范和组织。

运用小组调查法的教师通常把班级学生分成小组，每组组员5～6人，多数情况下是采取异质分组，在有些情况下，是基于成员间的友谊或对待特定问题的共同兴趣来组成小组。学生们自己选择学习主题并展开深度调查，然后进行准备，面向全班作报告。沙若和他的同事描述了实施小组调查的6个步骤：

步骤1：选择主题。学生们选择一般领域中的具体主题，这个领域通常是由教师限定的。然后学生们组成2～6人的任务型小组，小组的构成要考虑成员成绩与种族的异质性。

步骤2：计划合作方式。学生们与教师设计适合步骤1所选主题的具体学习程序、任务和目标。

步骤3：实施。学生们实施步骤2中的计划，学习应涉及大量不同的活动和技能，还要利用校内外的各种资源。教师紧密关注每一组的进展并在各组需要帮助时提供帮助。

步骤4：分析与综合。学生们分析、评估步骤3中所获得的信息，并计划如何以有趣的方式进行总结，向全班展示。

步骤5：陈述最后的成果。部分小组或所有小组就所调查的主题作一个有趣的陈述，其目的是使各小组了解彼此的工作，并对教师界定的领域有一个广泛、全面的认识。小组展示需要教师协调。

步骤6：评价。在小组探寻同一问题的不同方面的情况下，学生和教师评价的是每个小组对整个班级工作的贡献。评价包括对个体的评估或对小组的评价，或二者兼有。

3. 思考、配对、分享式

"思考、配对、分享"方式源于合作学习研究与等待时间研究。这一方式最初由马里兰大学的弗兰克·莱曼（Frank Lyman）和他的同事提出，是改革课堂讲述模式的有效方式。这一策略对"必须以全组为单位组织复述或讨论"提出质疑，并提出了固定的教学程序，给学生更多的时间思考、回答和互相帮助。比如，假设教师已作过简短的陈述，或者学生们已经理解了教师分派的任务、提出的问题，现在教师希望学生能更充分地考虑他所解释的内容，他选择使用"思考、配对、分享"策略，而不是让整个小组回答。他采用了下面的步骤：①

步骤1：思考。教师提出与课程相关的问题或观点，要求学生用一分钟时间独立思考答案或观点。教师需要告诉学生在思考时间不要讨论。

步骤2：配对。接下来，教师要求学生配对并讨论他们思考的内容。如果教师提出了一个问题，那么这段时间学生可以交流答案；如果教师提出了一个具体的论点，那么学生可以交流观点。通常教师会给5分钟的结对探讨时间。

步骤3：分享。在最后一步中，教师要求小组与全班分享他们讨论的内容。教师只需走到各组中让他们发言，直到一半或者四分之一小组都有发言的机会。

4. 小组竞赛法

小组竞赛法是由霍普金斯大学的迪沃里斯和斯莱文共同提出的。运用小组竞赛法的教师们每周直接为学生呈现新知识，有时是口头讲授，有时是发放文字材料。固定班级的学生被分为由4～5个成员构成的学习小组，每组都有不同性别、种族的学生，成绩高、中、低不等。小组成员用工作表或其他方法来掌握学习资料，通过指导、互相评价或其他方式帮助其他成员学习材料，然后每周进行一次学业竞赛，并根据竞赛的结果对学生进行学业评定。

步骤1：分组。按"组内异质，组间同质"的原则对学生进行分

---

① ［美］理查德·I.阿兰兹.学会教学［M］.丛立新等译.上海：华东师范大学出版社，2007.310.

组，每个小组由 4～5 个学生构成。

步骤 2：教学。教师按教学计划讲授新课，通过讲授、演示、辅导或讨论等形式介绍新的学习内容，这是以班级授课的形式进行的，时间大约 40 分钟。

步骤 3：小组学习。在教师讲授新课之后，每个成员在小组中按照学习作业单进行学习，以掌握学习内容。教师通常发给学生两份作业单和两份答案。

步骤 4：竞赛。这一环节的主要任务是使能力相似或过去有相似学业成绩记录的学生在 3 人"竞赛桌"旁展开游戏竞赛活动（4 人也可）。游戏通常由涉及教学内容的问题构成，旨在测验学生对课堂上所呈现知识的掌握情况。游戏是以 3 人一张"竞赛桌"为形式展开的，每一张竞赛桌的学生都代表着不同的合作小组。

为保证竞争的公平性，这种方法有一个不断调整的程序，每周依据竞赛成绩对竞赛桌进行一次调整。为保证这一活动顺利进行，需要事先准备一些相关的教学材料：一份竞赛桌安排情况单；每个竞赛桌放一份游戏问题单和一份游戏问题答案单；一套数字卡片，其数字应与游戏问题单上的数字相对应。

在游戏竞赛开始之前，教师要向学生公布竞赛桌的安排情况。在学生到各自的竞赛桌旁就坐后，分发给每个竞赛桌一份游戏问题单、一份答案单、一套数字卡片和一份游戏得分单，然后就可以开始游戏了。根据约定的规则，依次由一个学生选出一个带有数码的卡片，并在问题单上找出相对应的题目，先朗读题目，然后进行回答，如对问题的答案拿不准，可以猜，然后由同一竞赛桌的其他人先后进行质疑。当每个人都给出了答案，也进行了质疑，则由第二质疑者检查答案单，朗读正确答案，答对题者保存卡片。质疑者中，谁答错了题，谁就得把先前赢得的卡片还回一张（如果他们有的话）。如果某个问题都没有答对，那么这张相应的卡片也得还回去。当游戏做完后，参赛者要把赢得的卡片数填写到游戏分数单的第一栏第一局中。如果时间充足，学生们可以重新洗卡片，进行第二局游戏，直至结束。根据每一个学生所获得的卡片数，计算每人的竞赛得分。具体积分方法视情况而定，如在3人桌竞赛不等分的情况下，得卡最多的学生得60分，第二名得40分，得卡最少的学生得20分。当每个学生都得出了他们的竞赛分后，请一个学生把游戏分数单收起来。需要注意的是，在竞争过程中，是不允许小组成员之间互相帮助的，这样可以保证个体责任的落实。

步骤5：小组认可。在竞赛结束后，要尽快把每个学生的竞赛得分移到其所在的小组概况表上，将所有组员的分数相加，将所得总分除以参加游戏的小组人数，得数即为小组平均分数。

成绩优异的小组获得认可或其他形式的奖励。比如，根据小组平均得分，教师可依据一定的标准，将奖励水平分为三个等级：超级、优秀、良好。对于获得认可的小组，教师可颁发证书以示激励。一般情况下，证书只发给超级组和优秀组，而对于获得良好的小组，教师在全班表示祝贺即可。①

为了避免小组之间的小集体主义倾向，应在学习每一单元或4～6周后更换小组成员。

二、合作学习法的案例展示及评析

案例一

《少年闰土》教学片段

师：以往上课都是老师讲，你们听，这堂课我们改变一下，让你们讲，老师听，怎么样？（学生茫然，不知老师何意）也就是说，今天

---

① 刘吉林，王坦．合作学习基本策略［J］．中小学教材教学，2004，(6)：45.

老师要向大家介绍一种全新的学习方法，我们一起来尝试一下，好不好？

生：好。

师：这种学习方法要求我们每个人要主动参与、积极合作交流。（边说边板书：主动、合作）你们能做到吗？

生：能。

师：下面我们分组来学习。同学们仔细读这篇课文及课后问题，然后小组讨论研究，给这篇课文设计好学习目标，也就是你认为应该学习和掌握的知识内容。记录人做好记录。

（各小组汇报人汇报本组意见，教师帮助归纳板书）

（1）学会课文中的生字、新词。

（2）能有感情地朗读课文，背诵课文第 1 自然段。（课后第 4 题）

（3）能给课文分段，并归纳出课文的主要内容。

（4）能回答课后问题。（指课后第 1 题中的问题）

（5）能理解含义深刻的句子的意思。（课后第 3 题）

（6）弄明白"我"是怎样认识闰土的。

（7）了解闰土是怎样的一个人。

（8）找出课文的中心句，领会文章的中心思想。

（9）分清课文的写法，了解详写和略写的作用。

（10）谈谈自己的读后心得。

师：每小组选择一个自己喜欢的目标作为讨论课题，小组合作完成。

（小组开始讨论，有的小组一个学生一直在说，其他学生听着或看自己的；有的小组安安静静，自己干自己的；也有的小组讨论很激烈，争抢着说。师巡视或者在讲台前等待）

师：下面由各小组汇报人汇报本组的研究成果。注意，汇报人要汇报清楚自己小组负责讨论的内容，要阐述清楚本组就这一内容讨论后的意见或结果。声音要响亮，说话要有条理。其他组一定要认真听，并做好笔记。等他汇报完后，其他小组开展讨论，若有不同意见或补充的可以提出。下面第1小组开始汇报。

组1：我这一组讨论的内容是给课文分段，并归纳课文的主要内容……

师：其他组讨论一下，有什么不同意见或补充的？

（大多数学生没反应）

师：大家听清楚刚才第1组的发言了吗？

生：（多数）没有。

师：那请第1小组汇报人重新汇报一次，希望这一次能大声说出自己组的观点，让每个同学都听清楚。

（第1小组汇报人重新汇报一次，这次声音响亮多了）

师：现在听清楚了吧？各小组讨论一下，多提宝贵意见。

（学生还是提不出意见）

师：可能同学们只注意完成自己小组所负责的内容，对其他组负责的内容没有思考过，所以一下子提不出意见来。那这样吧，每组都先汇报研究结果，等会儿，我们综合起来点评。

（各小组全部汇报完后）

师：大家评评看，哪一小组任务完成得最出色，可以评为最佳组合？（大部分学生不表态，个别学生说自己组最好，也有个别学生推荐别组的）

师：这就碰到评价问题了，第一次运用新的学习方法进行学习，可能同学们还不知道如何评价，就让老师先来点评怎么样？

生：好！

师：评价重视结果，更重视过程。小组中每个成员是否都主动参与学习，是否积极探究问题、努力寻找答案，是否愉快合作，以及谁记录、谁汇报、汇报如何等，都是评价的内容。这次学习，各小组都表现得不错，很快就掌握了新的学习方法，只不过运用起来还不够熟练，慢慢地，大家会习惯的。刚才老师仔细观察了一下，第6、7两个小组的同学学习非常认真，讨论得非常激烈，每个成员都积极参与、密切合作，非常好。第2、8小组的汇报人最有水平，不仅声音响亮，说话也有条理，还有礼貌，也很好。至于最佳组合，我们就留在下次评吧！

案例二

《统计》教学片段

……

师：以前啊，我们这里老是堵车，有时一堵就堵一个多小时，中外游客很有意见。现在呢，修起了高速公路，张局长为我们提供了一分钟的录像，让我们帮他统计一下，看看过去堵车的时间段，现在是否还堵车呢？

录像中有四种车：小汽车，是指能乘坐10人以下的，像面的、小货车等。大汽车就是指10人以上的汽车，包括大金杯、大巴车等。还有大货车和摩托车。现在呢，请拿起笔用你喜欢的方法统计一下这一分钟四种车各过了多少辆。开始！

（师放录像）

师：好了，请你把结果填进我刚才发给你们的统计表。

（生填表）

师：现在我们来汇报一下，你统计的小汽车有几辆？

生：我统计的小汽车有5辆。

生：我统计的小汽车有8辆。

生：我统计的小汽车有5辆。

生：我统计的小汽车有10辆。

师：呀，有5辆的，有8辆的，有10辆的，那咱们怎么向张局长汇报啊，你们都认真数了吗？

生：认真数了。

师：那怎么都不统一啊？那我就告诉张局长说："你这个题啊，太难了，我们孩子小，数不好，你让北大清华的学生数好了，我们做不了，行不？”

生：不行。

师：那就是说你们还想数是吗？那就快出出高招，我们怎么拿出个正确的结果来向张局长汇报。谁有高招？

生：我们可以把镜头放慢。

师：哦，慢镜头。还有方法吗？

生：咱们可以放四遍，一遍数一种车。

师：好，两种方法了，还有吗？

生：我们还可以用鼠标一个一个地数，放慢镜头。

师：哦！像木偶似的放一点，数数；再放一点，再数数。是这样吗？

生：是。

师：还有没有？

生：我们还可以分组数，每4人为一组，一人数一种车。

师：哦，她说4人为一组，那你看哪4人为一组比较合适呢？

生：第一行为一组，第二行为一组……我们这边4个人为一组。

师：刚才有很多方法，大家指一指，谁的方法好？

（同学们纷纷指向那位提出分组的同学）

师：好，大家都认为她的方法好，那我们就听她的。现在大家分组，4个人一组，确定好组长和每人要数哪种车。分好组，大家回到自己的座位上，车要来了，开始。

（教师放录像，学生按自己的任务要求进行统计）

师：好了，各组把统计的结果填写在我们的新统计表上，然后组长把统计表给我。哪个组填完了，哪个组先给我。

师：好了，现在来看我们统计的结果，刚才我看同学们统计得非常认真。正确答案是这样的（教师放幻灯片，呈现正确统计结果：小汽车、大货车、大汽车和摩托车数量分别为9、4、3、1)，都有谁完成了任务？

（学生纷纷举手，接着教师展示各个小组的任务完成情况）

师：我们班绝大部分同学都完成了任务，极个别同学数得还不是很清楚。孩子们，现在我们想一想，尤其是数对的同学和大家交流一下，你刚才都用了哪些统计方法？

生：我是用数手指的方法。来一辆车，就伸出一个手指头，来一个再伸出一个。

师：这种方法挺好的，还有没有其他方法啊？

生：我是用画竖杠。

师：哦，来一辆就画一个竖杠，再来一辆再画一个竖杠，最后数数画了多少个竖杠。也不错，还有没有其他方法？

生：我是心里默数的。

师：心里默默计数行不行？

生：行。

师：还有没有？

生：还可以用画三角或者画圆圈来数。

师：哦，和刚才画竖杠一样，过来一辆车，画一个三角或者圆圈，是不是啊？

生：是。

师：你们看，统计的方法多不多啊？

生：多！

师：那有人就说啦，你看我都糊涂了，这么多方法，碰到事情我们该用什么方法啊？

生：要根据实际情况的变化，遇到不同的事情灵活地运用方法。

师：他刚才有句话说得特别好，就是用灵活的方法。还有一件事我觉得很有意思，就是第一次让大家数的时候，大家数得可认真了，瞪大了眼睛，结果就连小汽车都没有数对，更不用说四种车都数了，后来我们想了很多方法，其中有个同学给咱们出了个高招，4人一组合作，结果绝大多数同学都完成了任务，通过这件事，大家得到什么启示？

生：通过这件事我觉得人多力量大。

师：她体会到人多的力量，还有吗？

生：我还想说团结力量大。

师：还有体会吗？刚才分组的时候有同学说"我和你们一组吧"，结果好像有同学不太欢迎你。你得到什么启示呢？

生：我们要互相帮助。

生：我们要友好相处。

师：我们每一个同学都友好，这样以后合作的时候才有人找你，你说是不是？

生：对！

师：好了，刚才通过解决这个问题，我们不仅统计出了汽车的辆数，而且还体会到统计方法的多样性以及团结的力量、合作的力量。所以以后当你遇到一个人做不了事情，千万别扛着，要主动去找别人干什么啊？

生：帮助。

师：对，寻求帮助，寻求合作。

……

这两个教学片段中，教师的目的都是想采用合作学习的方式，从而取得好的教学效果。结果却是一个徒有形式，收效寥寥；另一个收获满满，达到了预期的目的。同样的动机，为什么会出现截然不同的结果呢？让我们以这两个案例为基础，来谈谈怎样运用合作学习法。

1. 任务要求

如果任务是长期的，它就适合合作学习，但是我国当前的合作学习基本上是在课堂上完成的，这就需要对合作任务进行设计。有些任务学生单独能够完成的，就没有必要让学生去进行合作。一般来说，适合合作学习的任务有以下两种：

（1）复杂的学习任务。一些学科的学习内容具有模糊性，学生单独解读某个问题时可能只获得某个方面的理解，需要大家共同的努力，才能获得完整的认识。比如，初中思想政治课，要求学生在调查实践的基础上撰写小论文，而且考试内容也越来越贴近学生生活实际，更具灵活性和开放性，由于受思维能力、知识水平和社会交往能力的限制，学生个体是无法完成这样的学习任务的，这就可以要求学生进行合作学习。

（2）彼此相对独立，合起来又是一个整体的任务。如案例二中让学生数通过的不同车辆数。

案例一明显存在的问题是教师对学生提出的问题并没有进行筛选，而是一股脑地都将它们作为学生合作学习的任务。这样不仅造成学习合作不够深入，徒有形式，浪费了学生的学习时间，也造成了合作任务多而分散。由于任务多而分散，学生对课文又没有整体把握，对每一个问题没有自己的独立思考，教师在这种情况下运用了合作学习方式，因此各组学生只关注各自的学习任务，对其他组的问题没有进行思考，从而造成在汇报时教师百呼而无一应的现象。对合作学习和独立学习的关系要弄清楚，合作学习应该是建立在个体独立学习的基础之上的，当每个学生对正在探讨的问题都有了自己深入的思考与想法，但是又都觉得理解得不是十分透彻，或者觉得自己独立学习完成不了，在这样的情况下再进行合作学习，学生的积极性就会高，探讨就会深入，教学效果才会好。

我国研究者盛群力认为，如果教学任务或学习内容蕴含了下列因素，则应该优先考虑采用合作学习方式。

互动——教学任务是否强调师生之间、生生之间的交流沟通，彼此关爱、理解、共同分享、鉴赏等。当然，这里的互动不是一般课堂教学中常见的讲解提问等"继时互动"，而是要求生生之间讨论、展示、争辩、操作等"同时互动"。

互助——教学任务是否包含了不同层次的要求，有可能产生一定的分化或理解、掌握上的障碍，会自然地形成求助人与助人的需求。

协同——教学任务是否只有经过小组成员责任分工、角色轮换、发挥自己的优势与学习别人的长处相结合、集思广益、取长补短、协作共事、齐心协力才能完成。

整合——教学任务是否体现跨学科性、综合性、任务驱动性、项目型学习的特点，是否要求不同观点、不同材料、不同解题思路或方法的汇总综合，是否涉及去粗取精、由表及里、去伪存真、从特殊到一般的过程。

求新——教学任务是否突出了学习者个人的独特感受与体验，是否要求形成别出心裁、与众不同的理解，是否求新、求异、求变，是否有较高的知识迁移性质。

辨析——教学内容是否需要经过争辩、探讨、质疑，在独立思考的基础上交换意见，在相互磨合中坚持自己合理的想法，同时也吸收别人好的创意。

批判——教学任务是否涉及较多的价值判断和选择，是否有多种决策路径可供选择，是否需要权衡利弊得失。

表现——教学任务是否要求学生充分展示、表露或"外化"已经学到的东西，是否以群体业绩表现，以任务整合或项目调研的成果来衡量考评。

以上教学任务中包含了可能适合合作学习方式的因素，当然只是相对而言的。对许多课堂情境而言，这些因素可能不是有或无的问题，而是强或弱、多或少的问题。

2. 运用合作学习法的时机

一般说来，开展合作学习应当把握这样几个时机：一是当学生在自主学习的基础上产生了合作学习的愿望的时候；二是当一定数量的学生在学习上遇到疑难问题，通过个人努力无法解决的时候；三是当需要把学生的自主学习引向深入的时候；四是当学生的思路不开阔，需要相互启发的时候；五是当学生的意见出现较大分歧，需要共同探讨的时候。

案例二取得成功的原因之一就是对合作时机把握得很好，教师先让学生独自数四种车，结果学生发现通过自己独立去数会顾此失彼，不要说数清楚四种车，就是一种车也很难保证数得正确。这样他们就意识到这个任务自己独立完成是有困难的，从而产生了合作学习的愿望，教师抓住时机提出合作学习的要求，这个要求正是学生内在需求的外化，因此能调动学生学习的积极性，合作学习就水到渠成。

三、合作学习法的优化策略

1. 提高学生的合作意识与能力

学生具有合作的意识与能力是保证合作学习有效进行的基本条件，只有学生了解合作学习的意义、目的、步骤，愿意合作，同时又有合作的能力时，合作学习才能得以实施。案例一所开展的合作学习之所以没有达到预想的教学效果，一个很重要的原因就是学生缺乏合作的意识与技能。可以看出，这是学生第一次进行合作学习，而教师一开始仅仅是提出："这种学习方法要求我们每个人要主动参与，积极合作交流。"这对经过多年的传统教育、个体性学习和竞争性学习观念已经根深蒂固的学生来说，实在有些突然，他们因为没有任何思想准备而显得无所适从，故而会出现"有的小组一个学生一直在说，其他学生听着或看自己的；有的小组安安静静，自己干自己的；也有的小组讨论很激烈，争抢着说"的现象。学生选择独立学习，不愿参与合作，一般有几种情况：一些学生因为害羞，不好意思在众人面前表达自己的观点；一些学生想参与但不知如何参与进去；还有一些学生不愿意参与合作小组，觉得自己适合独立学习，参与合作小组是浪费时间。前两种情况反映出学生参与能力差，后一种则反映出学生没有合作意识。而学生抢着谈话，甚至发生争吵，则是缺乏交流能力的表现。学生是否具备分享能力、参与能力、交流能力是合作学习是否取得成功的很重要的因素。因此，如果是初次运用合作学习法，就要给学生讲清楚为什么要运用合作学习法，它和个体性学习以及竞争性学习有什么区别，以及该怎么合作等，使学生对合作学习有一定的认识，树立合作意识，明晰合作步骤。

当然，合作能力的形成不是一蹴而就的，需要逐步对学生进行培养。在开始运用合作学习法的时候，可以运用一些简单的策略帮助学生从个体性学习和竞争性学习向合作学习过渡。

过渡的策略之一，是把关键步骤写在黑板上。如案例一中，可以把这次合作的步骤列出来。

步骤1：学生阅读本节课的学习目标。

步骤2：学生用15分钟左右的时间，仔细读这篇课文及课后问题，先独立思考，记下自己感觉困惑的问题。

步骤3：汇总学习问题，筛选合作主题。

步骤4：分组并确定组长、记录人和汇报人。

步骤5：学生在教师的指导下用10分钟合作完成任务。

步骤6：听教师口令，展示小组合作成果

步骤7：总结评价。

过渡的策略之二是让学生复述所听到的要求，这有助于每个人集中注意力，还可以掌握学生学习情况。如案例一，在讨论开始，就可以提出要求：（1）轮流发言；（2）运用恰当的词汇清晰表达自己的观点……阐明要求后，再让学生复述，从而使学生明确要求并按要求去做。刚开始运用合作学习法时，要求非常严谨地按程序进行，学生或许不清楚合作学习，但是按照这样的步骤去进行，可以使得教学进展顺利，待师生习惯了合作学习方式后，就可以灵活把握。

对于分享能力和参与能力的培养，有人曾提出一些可以借鉴的策略：①

（1）设置合作型任务。如案例二中的任务。

（2）轮流发言。教师要求学生就合作主题依次轮流说出自己的观点和想法，直到小组中每个人都有机会参与为止。

（3）结对检查。在小组内结对学习，相互检查。

也有人提出结对检查的 8 个步骤：

步骤 1：结对合作。小组成员结成对子，一个学生完成任务或解决问题，另一个同学给予帮助或指导。

步骤 2：指导者检查。指导者检查同伴的工作，如果指导者和操作者之间在答案或观点上无法达成共识，他们可以听取组内其他对子的建议。

步骤 3：指导者表扬。如果两人意见相同，指导者给予操作者表扬。

步骤 4～6：转换角色。重复步骤 1～3。

步骤 7：小组检查。把小组内成员集中在一起，比较答案。

步骤 8：小组激励。如果整个小组达成一致意见，小组成员可以手拉手欢呼。

（4）时间代币。如果合作学习小组中几个人控制对话，还有几个人很害羞，从不说话，那么时间代币有助于促进成员均衡参与。给每个学生几枚代币，每枚代币代表 10 秒或 15 秒钟的讲话时间。一个学生监督，看发言者用完既定的时间，就收他一枚代币。当一个学生用完所有代币时，就什么也不能说了。这样，手里还有代币的学生当然就必须参与到讨论中来。

---

① ［美］理查德・I. 阿兰兹 . 学会教学［M］. 丛立新等译 . 上海：华东师范大学出版社，2007.320－323.

（5）给频繁发言者提醒。只有一小部分学生参与到小组学习或者讨论中的现象并不鲜见。要使小组成员都参与，一种方式是安排一个学生了解每个学生的参与情况。如果这位监督者发现某位学生再三发言，就可以递给他一个条子，要求那位学生克制一下，直到每个人都有一次发言机会之后再进一步发表意见。监督者还应该以同样的方式鼓励害羞的学生发言。

对于学生交流能力的培养，教师可以要求学生做到以下几点：

（1）运用恰当的词汇，按一定的逻辑清晰地表达自己的观点。

（2）运用让别人容易理解的句型。

（3）根据情况转换语言形式。

（4）沿着前一个说话者的思路，对其观点进行评论和提问。

（5）看到正在讨论的主要观点之间的联系以及自己能补充的特别的信息。

（6）通过归纳、概述或猜测来促进谈话。

（7）不独占讨论时间，轮到自己时再发言或者评论。

（8）鼓励别人评论或提问。

（9）自信、沉着、不强势。

（10）言行要谦恭。

这 10 项中，前面三项是关于自我表达的，接下来的三项是关于怎么在交流中合理插入别人的话的，后面四项是关于谈话中的态度的。在学生进行合作、交流中，教师如果一贯对学生如此要求，久而久之，学生就会习得这些技能。

2. 引导学生明确共同目标和个人责任

劳动分工对合作学习的成功实施是至关重要的，但是又常常被教师所忽略。如案例一中，教师仅仅是提出合作学习，并没有要求学生进行分工，所以造成在合作过程中合作效率不高或无效的情况。合作学习并不等于说学生们都做同样的事，更不是有的做事，有的不做事，而是大家目标一致，共同完成任务。

案例二能够取得成功要归功于学生对共同目标有清晰的认识，同时对自己要完成的任务也很明白。教师要求学生 4 人一个小组，共同的目标是数清楚一分钟内通过的四种车的数量，而且个体责任也很清楚，就是每个人负责一种车，然后再集体汇总。这样，人人都有事可做，大家的目标虽然是相同的，但是个体承担的责任却是不同的，从而避免了一言堂或者表面热闹现象的出现。在合作学习中，教师给学生提出的总体目标是否清晰，分工是否明确，直接影响到合作学习的效果。

案例二给我们一个启示：合作学习是在学生个体学习基础上的学习，每个学生对问题都有个人的思考、感悟、探索，这样的学习是集体学习与个体学习的统一，这样的合作学习才是有效的。

3. 充分发挥教师"导"的作用

在教学理论中，有关师生在教学过程中地位的论述有很多种，主体——主导论、主体——客体论、双主体论等，不管怎么论述，其核心就是要坚持教师在教学过程中的引导作用。教师和学生任何一方作用的丧失或削弱，都不会使教学正常开展，教学效果都会大打折扣。

合作学习强调学生的主体性，但绝不是不要教师指导，也不是教师撒手不管，相反，教师要担负起更大的责任。要使合作学习卓有成效，教师要精心设计分组学习的各个环节，如学情分析、目标设置、任务安排、组织形式、策略选择、过程展开、反馈评价等；还要加强监控和指导，注意对各个小组的合作学习进行观察和介入，为学生提供及时有效的指导，使小组合作学习不偏离正确的教学轨道。总之，在合作学习过程中，教师要扮演好"导"的角色。

（1）合理分组。合理分组是保证合作学习成效的一个重要环节。分组时要考虑到组的类型、组额、组员的构成以及一个班分为多少组比较合适等。

①合作小组类型

总体来讲，合作学习小组可分为三大类型：非正式学习小组、正式学习小组和学习团队。①

非正式学习小组指课堂上临时组成的小组。教师可以让学生和同桌临时组成一个非正式小组，对所提出的问题进行讨论；也可以组织一个 3～5 人的小组来解决或提出问题。教师可以在任何时候、任何班级组织临时学习小组，检查学生对教学内容的理解情况，给学生创造一个应用所学知识的机会。

正式学习小组指为完成一项具体任务而建立起来的小组。比如，做实验、写报告、做项目、写论文等。这些小组可能会在一次课上就能完成任务，也可能需要连续工作几个星期。一般情况下，小组成员的合作一直持续到任务完成并接受评分之后。

学习团队指成员固定的长期团队（常常持续一个学期）。成员的主要职责是在完成任务的过程中互相支持、鼓励、帮助。如果成员中有人错过一次课，其他成员就会告知上课内容和作业。班级越大，教学内容越复杂，那么学习团队的意义也就越大。

三种类型的小组各有优势，非正式小组分组灵活，适合于教师和学生都还没有完全掌握合作学习方法的初级阶段，我国当前课堂中的合作小组基本上都是这种类型。这种小组合作类型类似于讨论，对于学生集思广益、认知发展有一定作用，但是却很难达到深度合作。学习团队组织得好、任务分配得好的话，对学生合作意识的形成、合作能力的发展都有很好的作用，但是由于合作时间较长，学生容易形成小团体意识。相比之下，正式学习小组兼顾二者的长处，是我们所应倡导的。当然，采用什么样的合作类型，是根据教学任务和客观条件

① ［美］芭芭拉·G. 戴维斯．教学方法手册［M］．严慧仙译．杭州：浙江大学出版社，2006.114.

而定的。

②组额

一个小组成员的多少会对合作效果产生一些影响，因为它会影响到组员能否有效地分享材料。如果成员过多，材料有限，那么就可能有一些成员不能充分地阅读材料。另外，组员的多少也会影响到达成共识以及完成终极目标所需要的时间。组员越少，越容易达成共识，但是结论的深度和多元性往往又会差于成员多的小组。那么到底组额多大为好呢？有人提出4～6人比较合适。小组过大，每个成员参与的机会就会减少；小组过小，相应的，一个班的组数就会增多，那么教师面对每个小组的时间就会减少，这样会影响到教师对小组的指导和调控，同时组员过少对一个问题的探讨也不够深入。当然，组额的大小也会因具体情况而定，一般来说，小组成员在初期运用合作学习法时，合作技能不是很熟练，这样小组可以小一些，一个小组4人或5人比较合适。如果是合作项目所花时间较长，合作任务相对复杂，同时学生又有了一定的合作技能，小组人数就可以多一些。

③组员构成

在进行合作学习时可采取"组间同质、组内异质"原则。组内异质为小组成员互相帮助提供了可能，有利于小组内学生互相影响、相互带动、共同提高，有利于学生合作精神的培养；而组间同质又缩小了小组间的差别，为全班各小组间的公平竞争打下了基础，从而真正实现在合作基础上的竞争。

在分组之前，教师要对全班学生的学习情况进行全面了解与分析，要了解他们的知识基础、能力水平、学习兴趣、学习态度、学习习惯和学习方法等。了解学生的方法有很多，可采用问卷、测验、谈话、看学习档案等形式，在此基础上进行分组，并分别提出适当的教学目标。如果是初次接触到一个班集体，对学生还缺乏基本的了解时，教师可以通过学生的自我评述或者用以前的成绩作参照进行初步分组，经过一定时间的了解之后，根据小组协作的不同阶段再重新分组。

（2）告知目标

教师要根据学情、具体的内容以及合作学习方式明确教学目标，告诉学生合作学习结束要达到一个什么样的结果。无论希望学生最后给出一个什么样的结果，在合作学习开始的时候，都要和学生讲清楚，活动结果的类型、格式、长短，必要时可以给学生提供样例。如果合作时间较长，还要给学生列出时间进度表，如每个阶段合作多长时间以及每个阶段的阶段性成果，这样在整个学习过程中对学生有个导向和调控。合作多长时间比较合适，这需要根据任务难易程度而定，最基本的原则是在教学设计时要确保学生有充分的时间进行深入合作，而不是只有活动的形式。

这些目标用什么样的形式告知学生，也要根据实际情况而定，如果是课堂临时的非正式合作活动，教师口头告知学生或者写在黑板上，然后让学生复述即可。如果是时间较长的合作，最好用书面的形式公示出来，或者发到班级的公共邮箱中，也可以发到各小组的公共邮箱中。为了保证每个成员都清楚目标，最好不要把目标要求仅仅发到组长的邮箱里。在公告或者信件发完之后，在随后的课堂上，最好能请不同层次的学生分别复述一下目标和要求，确保每个学生对目标都理解清晰、到位。

（3）监控合作过程

对学生的合作过程进行监控也是一项任务，进行监控的目的有五个：一是避免学生在合作的过程中脱离正题或重点。由于种种原因，学生在合作学习的过程中会不自觉地脱离主题，或者仅仅围绕细枝末节的问题进行探讨，影响了对问题本质的探讨。二是为了及时了解学生在学习过程中的困惑，以便找出相应的对策。三是为了提醒学生学习进度，使学生按计划进行学习。四是为学生提供情感支持，有时小组成员在合作学习的过程中会出现畏难、不自信、焦虑或者因摩擦而产生对立、埋怨等情绪，教师需要及时介入，进行安慰、鼓励、协调等。五是调整合作学习时间。在实际教学中，我们会发现某些教师提出问题后，只给学生两三分钟时间，甚至不足一分钟时间，让学生去合作、讨论与研究，还不时地在一旁提醒学生"快点，快点，时间不多了"。往往是学生刚刚进入角色，其思维刚刚展开，教师就一声令下，使"合作"草草收场。当然，课堂教学是要受时间限制的，不可能给学生过多的时间思考或合作，但是可以精选合作内容，给足时间，让学生充分合作。如案例一，我们都知道《少年闰土》是一篇思想深邃、语言非常生动的文章，想用一节课把这篇课文学完，时间是不够的，因此教师应该在学生预习的基础上，让其共同研究其中第6、7两个问题即可。这样，学生合作的任务减少，时间充裕，合作才能深入。有时也可能教师打算给学生的时间多，但是学生根本不需要那么长的时间，因此就需要对学生的合作情况进行监控，并根据课堂教学的实践情况灵活安排。

对学生合作学习进行监控的策略也根据小组合作形式的不同而不同。如果合作学习形式是非正式的，那么教师在学生合作的过程中要随时倾听学生的探讨；如果发现学生在探讨过程中偏离了主题，就要通过重申目标，使学生围绕学习目标进行合作探讨；如果学生在探讨的过程中仅仅是围绕细枝末节，没有考虑到探讨问题的根本，教师就要及时提醒；如果发现学生在探讨的过程中有错误的地方，但是同组的其他同学又没有给指出来，教师就要予以更正，或要求学生再次研读教材，或者回顾前面所学的东西，以避免学生在错误的思路中越走越远；如果在倾听的过程中发现各组集中存在的困惑，那么就要对学生的困惑点进行讲解。

正式小组的合作一般时间较长，有些活动不是在课堂中完成的，那么更需要教师的监控与及时提醒，这样才能保证学生的合作学习是围绕目标有效进行的。针对此，教师可以运用以下策略来进行：定期集中指导或者随时和某个小组联系；让每个小组建立合作日志，由组长或者由组内专门的人员负责把组内进展情况、碰到的困难记录下来，教师随时查看他们的日志并及时指导；通过 QQ、信箱或电话与各组及时交流。

（4）对合作学习进行总结、评价

在学生合作学习结束之后及时进行评价，是影响合作学习成效的一个重要环节。这一环节最起码有四个作用：一是使学生对自己的学习结果有清醒的认识，知道自己的成功之处，同时也明白还有需要进一步思考、探索的地方；二是使学生明白自己对合作技能的掌握和运用情况以及下一步努力的方向，能更为客观地看待自己；三是使学生享受到成功的喜悦，树立自信心；四是在培养他们合作意识的同时，通过组间评价，培养他们的进取精神与竞争意识。

对合作学习的评价包含对个人的评价和对小组的评价。无论是对小组进行评价还是对小组成员进行评价，都涉及两方面的内容：一是学习结果，二是学习过程。对学习结果进行评价主要是针对显性目标，评价的形式可以是作品展示、测验等，只要能充分体现学习目标即可。对学习过程的评价主要是对合作意识、合作技能进行评价，具体会涉及[1]：①小组成员关系，如学生和其他成员是否协作愉快，是否愿意帮助别人，是否愿意与他人合作完成任务。②与他人的信息交流情况，如信息沟通的频率和数量，信息沟通是否畅通，理解他人是否有困难，是否相信他人对自己观点的评价，是否强烈希望自己与他人存在一致性。③学习动机，即相信学习的过程是快乐的，学习动力更多的是来自内部。④学习中的投入程度，即表达自己思想和情感时是否充分，是否有强烈的愿望表达自己，倾听他人讲解是否更认真，是否坚持不懈地完成任务。⑤问题解决结果，即个人贡献是否突出以及结果本身的价值。⑥学业知识和技能的掌握情况，即对学科知识的理解与应用、对交流与解决问题基本技能的掌握。案例一中，教师在学生合作学习

---

① 杨公平．合作学习中教师主导作用的发挥［EB/OL］．http：//www．ht88．com/article/articl e＿10628＿1．html.

结束后所给的评价基本上是对学习过程进行的评价。

对合作学习过程进行评价的形式可以是质性评价，即对合作学习小组或者组内某个成员的表现进行描述性评判；也可以进行量化评价，即事先设置好评价的维度，然后按学生的表现给予相应的分值，由分值来给小组或者小组成员进行评价。如下面两个表所示的：

小组成员合作技能等级评价量表①

合作技能	小组成员名字			
为促进小组进步提供知识和信息				
对整个组的开放和坦率				
对需要帮助的成员提供个人帮助和支持				
以价值中立、建设性的方式评估别人的贡献				
同小组分享物质资源				
准确领会或总结其他组员的话				
当其他组成员作出贡献时，给予承认				
接受和欣赏其他文化、种族及个体差异				

英语课本剧表演评价表②

学习主题＿＿＿＿＿＿＿	观察小组＿＿＿＿＿＿＿		被观察小组＿＿＿＿＿＿＿			
项 目	标 准	评 分				
		5	4	3	2	1
语 言	声音响亮（全体成员都能听见）					
	用词准确、发音标准（错误一次，下降一级）					
	语言流畅（无明显停顿）					

----

① ［美］加里·D. 鲍里奇．有效教学方法［M］．易东平译．南京：江苏教育出版社，2002.287.

② 施蔓婷．小组合作学习评价探索——以英语课本剧表演为例［J］．全球教育展望，2010，（2）：91.

续表

学习主题＿＿＿	观察小组＿＿＿		被观察小组＿＿＿			
项　目	标　　准	评　　分				
		5	4	3	2	1
合　作	分工明确（按能力合理分配角色）					
	每位组员都能积极参与、表演到位（表演自然，面对观众、不笑场等）					
	活动组织有序、组员间配合默契（衔接良好，走位准确）					
内容设计	句型多样，对话充分					
	有自己的理解和创新之处					
	能在规定的时间内完成表演					
合　计						
备　注						

从上表可以看出，合作学习可以由教师评价，也可以由教师设计好评价标准后交由学生小组评价，还可以由学生个体根据标准进行自我评价。但是教师在这个过程中给学生设定好评价标准很重要，具有关键作用。

为了使评价这个环节对学生起到更好的激励作用，在评价后，适当给予学生奖励也是必要的。奖励的时候可以将小组和个人分开，如设立最佳合作小组奖作为对合作完成任务出色的小组的奖励，这项荣誉为该合作小组的全体组员享有。优秀组可以奖励流动小红旗，这个小红旗作为荣誉的标志，可以在这个小组悬挂到被别的优胜者获得。对于个人，可以设立最佳表现奖、优秀个人奖等单项奖。

探究学习法

　　探究教学法能够适应人天生具有的探究欲望，它有助于学生在自主建构知识的同时，发展创新精神和实践能力。教师在运用的过程中，应注意把握好探究的点和学生的兴趣点，不断地优化探究教学法，以便它发挥更好的作用。

一、探究学习法概述

探究学习是以问题为中心，为获得科学素养，以类似科学探究的方式进行的，强调学生主动参与，重视学生学习过程及学习实践性的学习方式。在探究学习的过程中，学生在自主建构知识的同时，其创新精神和实践能力也能得到培养。

人天生具有探究的欲望。可以说，整个人类发展史便是人对自己所处其中的世界进行探究的历史。在18世纪末至19世纪初的欧洲，卢梭便提出了"探究欲望是人与生俱来的"这一观点。这种观点使教师注重激发学生的学习主动性，鼓励学生独立思考，对现代探究性学习的研究和实践具有启发意义。

对探究学习进行系统研究始于20世纪初的欧美国家。美国教育家杜威最早提出了在学校科学教育中要运用探究的方法，概括出科学探究的五个步骤，并在此基础上创立了"问题学习法"。杜威进一步提出了探究法的模式，使探究学习从观念层面向实践层面推进了一大步，为探究学习的正式提出奠定了基础。

20世纪50年代末至60年代初，在欧美诸国及亚洲的韩国、日本等国，对"探究学习"的研究再次掀起浪潮。以布鲁纳、施瓦布、费尼克斯为代表的一些研究者在理论上系统论证了"发现学习""探究学习"的合理性，并在科学学科领域推动了以培养智力超群的社会"精英"为目的的课程改革运动。芝加哥大学施瓦布教授 1961 年在哈佛大学演讲会上作了题为《作为探究的科学教学》的报告，首次明确提出"探究学习"的概念，使之更实用、更具体、更易操作。施瓦布的研究不仅深化了对探究学习的理论研究，更是提供了具有操作性的实践模式，为探究学习模式提供了展开具体建构的契机。在施瓦布等人的推动下，探究学习模式在英美等国得到了蓬勃的发展。

20 世纪 80 年代，以探究学习为基础，重构基础教育课程成为世界各国课程改革的突出特点。各国不仅将探究作为一种学习方式，而且将探究作为课程的内容标准之一。世界各地区的中小学都以不同的名义和方式开展和促进探究教学和探究学习。

1999 年，我国正式启动了基础教育课程改革。这次改革的宗旨就是要改变传统的学习方式，提倡自主、合作、探究式的学习方式。2001 年，我国出台了《全日制义务教育科学课程标准》和其他各科课程标准。该标准一方面强调科学探究是一种重要而有效的学习方式，在内容标准中对学生的探究学习提出了具体建议；另一方面，将科学探究作为义务教育阶段科学课程的重要学习内容，明确提出发展学生的科学探究能力所包含的内容与培养目标。要全面推进素质教育，必然要以培养学生的创新精神和实践能力为重点，为学生全面发展创造相应的条件，探究学习因此成为全面推进素质教育、深化教育改革过程中的一个热点，在全国中小学各学科教学中被广泛地推广。但由于这种学习方式对我们来说还是一种新兴的事物，许多教师还没有完全掌握，因此在运用的过程中会出现混淆概念，对自身在探究学习过程中的角色认识不到位，评价方式单一，不能充分体现学生通过探究学习得到的收获等问题，后文将对此进行分析讨论。

1. 适合进行探究学习的学科内容

并不是所有的学科内容都可以用探究学习方式进行学习。在为学生选定探究问题的时候，教师必须考虑其所学课程的目标，保证学生能通过探究学习掌握学科标准所规定的知识内容。

因此，在确定探究问题之前，教师要仔细研究将要实施的课程，明确具体的课程目标和课程内容，列出教学单元中 2～3 个主要的或核心的观念。

在研究课程目标和课程内容时，教师应该考虑：①

（1）反映课程目标和课程内容的核心观念是什么？

（2）打算运用哪类问题达到有关的目的和目标？

（3）哪类问题对完成这些教学任务产生的效果最好？

（4）运用哪些表达情感的问题最能吸引人？

……

例如，如果当前教学单元是以"垃圾的处理"为议题，那么，教师便可以列出三个核心观念，围绕这些核心观念思考和设计一系列反映教学目标的问题：

（1）垃圾再循环利用，以保护自然环境。

（2）垃圾处理过程中物质单向流动所产生的一些问题。

（3）非再生能源所产生的污染。

2. 学习主体——学生的情况

第一，了解学生的思维发展水平。低年级学生还处于抽象思维水平较低的阶段，应尽量少地涉及复杂、推理、演绎等问题；到少年期（11～15 岁）及以后，学生的抽象思维能力已有很大的发展，便可逐步提高这方面的要求。

第二，了解学生已有的经验、知识和能力。掌握学生的"最近发展区"对进行探究学习是非常重要的。针对学生已有的能力水平，适当增加问题的难度，既能引起学生的探究兴趣，又不会使学生因为问

———————

① 钟启泉．研究性学习案例解析［M］．上海：上海教育出版社，2003.62—63.

题太简单而觉得乏味或者是因问题太难而失去探究的勇气。关注学生已有的知识、能力水平时，还要注意到学生个体之间的差异。

3. 可以利用的时间

探究学习能够培养学生的自主性和创造意识，但由于它有相对固定、完整的模式，如发现问题、提出假设，进行论证、形成结论等，会耗费大量的时间，因此，在确定探究课题之前，一定要考虑以下问题：

（1）学习活动会持续多长时间？

（2）对学生来说，有多少时间是可以用来完成这个学习任务的？

（3）如何规划这些时间？

（4）如果大量的学习活动要在课堂之外进行，有相应的监控、检查安排吗？

4. 资源获取渠道

国家有相关课程研究项目，已研发出适合于探究学习的配套教学资源。学校要尽量购买各类实验辅助材料，包括学生、教师活动指导书等。

对于教师来说，可以自己动手或者动员学生利用日常用品制作某些器材，或者是提倡师生之间、生生之间共享资源，如图书、音像等，都可以共享。

除此以外，教师在确定课题时还应该考虑：

（1）整个学习活动需要获取哪些资源？

（2）整个学习活动有助于学生提高各方面技能吗？

（3）整个学习活动有助于学生认识、掌握和运用媒介吗？

5. 合理的指导

虽然探究学习是以学生为中心的一种学习方式，但整个过程并不是不需要教师的指导，相反，教师指导对探究性学习是否能取得实质性的效果具有举足轻重的作用。创造轻松的学习氛围，引导学生形成合理的假设，以及收集资料、进行论证和评价等，每个环节都需要教师根据学生的实际情况予以及时的帮助。

6. 合理的评价

探究性学习不仅注重学生知识的获得，同时也关注学生主体性的张扬、与人交流合作的能力、创新的意识、解决问题的能力等各个方面。传统的评价方式已不能满足学生的发展需要，因此，在探究性学习过程中，能够客观评价学生各方面的情况尤为重要。

毫无疑问，对探究学习的评价，除了关注学生对相应的知识内容的掌握程度以外，还应该关注学生的精神、态度、能力以及探究学习习惯几个方面。同时，教师还应创造机会，将学生也纳入评价主体中来。

二、探究学习法的案例展示及评析

案例一

《三角形的内角和》教学片段①

（上课已开始约 7 分钟，教师组织学生复习了有关三角形的组成、各部分名称、角的分类、用量角器求角等知识与技能，然后要求每个学生在课前准备好的一张白纸上随意画一个三角形）

师：大家都将三角形画好了吗？谁能说说，你是怎么画的？

---

① 余文森，林高明，陈世滨．有效教学的案例与故事［M］．福州：福建教育出版社，2008．86—93．

生：我先画了一条直线……

师：直线吗？

生：是线段，然后再画另外两条线段，将它们连起来，就画出一个三角形了。

（教师请该生展示自己画的三角形，得到大家的认可。随后，教师又连续请了三位学生展示自己画的三角形并说明画图过程。接着，教师引导学生分析每个人画的三角形是否一样，三角形的角是否一样。最后，组织学生用量角器将自己画的三角形的每个角都量一下，并将结果记录下来，前后4个同学相互讨论。附近的学生，大部分都是将量出的角的度数直接写在相应的角上，但有两个人是写在另外的练习纸上，大约25秒后，开始有前后4个人分别查看其他人角的度量结果，并不时地争论着。学生的整个活动大约持续50秒。期间，教师行走于学生中间，数次停下来，帮助个别学生量角）

师：好，请大家都停下来。谁能说说，你计算的结果是多少？

生：179度。

生：179度多一点。

生：180度。

生：180度不到。

生：181度。

师：那你们发现了什么？

生：每一个三角形的三个角加起来大小是不一样的。

师：实际上它们是一样大小的。如果量角器量出的角是不精确的，会出现什么情况？（生附和：有误差）对，量角器在度量的时候是有误差的。大家看看，它们都在什么数的周围啊？

生：180度。

生：不对，应该是179度。

师：为什么？

生：大部分同学量出的都是179度左右。

师：你的"左右"用得很好。如果我们从整十整百数的角度看，它们都在一个什么数的左右呢？

生：（稍微犹豫一下）是180。

师：180什么？

生：180度。

师：现在我们能得到结论了吗？（学生异口同声说"能"，但声音并不大）谁愿意来说说？

生：三角形的三个内角……内角的和是180……哦……180度。

（学生开始不够严谨，教师连续提醒三次才准确说出结论。随后，教师又请一个学生复述一遍）

师：这个结论准确吗？（停约2秒）老师也来做一个实验，请大家一起来看看这个结论准确不准确，好吗？

（教师向学生展示一张预先准备好的大白纸，上面画有一个三角形。接着，教师用一把剪刀将三角形剪了下来，高高举起，提示学生仔细观察。然后，教师先用手撕下三角形一个角，并将整个"角"放在投影仪上面，再撕下三角形的第二个角，也放在投影仪上，并与第一个角拼起来，随后再撕下第三个角，放在投影仪上，与前面两个角拼好）

师：现在你们发现了什么？

（仅有3个学生举起了手）

生：老师将三个角拼成了180度。

师：将三个什么角拼成了180度？

生：三个内角。

师：你怎么知道是180度的？

生：因为……因为是一条线段。

师：对，一条线段说明是一个什么角？

生：就是一个平角。

师：平角是多少度？

生：180 度。

师：通过老师刚才这个实验，你们发现了什么？（学生举手人数不多，停约 4～5 秒）能不能证明刚才我们说的结论是正确的？

生：（几乎异口同声）能。

案例二

《三角形的内角和》教学片段

（上课已开始约 7 分钟，教师组织学生复习了有关三角形的组成、各部分名称、角的分类、用量角器求角等知识与技能）

师：请每个学生任意画两个三角形，然后观察自己画的三角形以及周围同学画的三角形，说说自己都发现了什么？（学生基本上都说出了这些三角形的特点）

师：（举起向学生借来的两个"三角形"）大家都认为这两个三角形的三个角大小不一样（用手依次指着两个三角形对应的内角，并用手指示意它们大小的不同）。于是，我们就想，将这两个三角形的三个角分别加起来以后，它们的大小会是一样呢，还是不一样？

（学生意见不一）

师：你用什么方法来证明你自己的猜测呢？先小组讨论一下，然后去验证。

（各小组很快拿出量角器量自己画的三角形的三个角并记录）

师：好，现在请大家来交流一下。先说说你的猜测，然后再说说你验证的结果。

生：我认为是不一样的。我先量了自己画的三角形的三个角，加起来后是 180 度不到，应该是 179 度。

师：所以……

生：所以我的猜测是对的。

生：我原来猜测它们也是不一样的，因为我量出来的是 181 度，所以我的猜测是对的。

生：我原来猜测它们是一样的，结果，我量出来的是180度，和他们都不一样，所以，我的猜测错了。

（教师又请了几位学生，量出来的数值都不一样）

师：现在我们可以得到什么结论呢？

师：三角形的这三个角（举起一张学生画的三角形，用手指比划着），我们把它称作"内角"。（板书）

生：因为每个三角形是不同的，所以，它们的三个角加起来的结果也是不同的。

师：这三个角称作什么？

生：内角。

师：因此还可以怎么说？

生：因为每个三角形是不同的，所以它们的三个内角加起来的结果也是不同的。

生：所有的三角形，它们的三个内角加起来的大小是不一样的。

……

师：很好！大家通过度量角的大小的方法，发现了三角形的三个内角加起来后的大小是不相同的。但是，假如我们再仔细地观察一下每个人求出的三个内角加起来的结果，你可能会发现什么呢？（生不语）你们有没有想过，虽然每个人将自己画的三个内角加起来后结果是不一样的，但是它们为什么这么接近？猜测一下，可能会是什么原因？

（约20秒后，有学生发言）

生：我知道了，因为在量角的时候，会有误差。而且，每量一次，就会有一次误差，我们量了三次，所以误差就会更大些。

生：我也同意，因为我们在量角的时候，都不会太精确。

师：怎样才能更好地减少这种误差呢？

生：可以……可以只量一次。

师：怎样量一次呢？每个小组可以讨论一下，然后自己去尝试一下。

（生尝试）

师：谁先来说说你是怎么想的、怎么做的，又发现了什么？

生：我们想，要想只量一次，就要把三角形的三个角拼在一起来量。所以，我们就将三角形的三个角剪下来，再……

师：（打断）你们怎么剪的？

生：（举起三角形）我们把三个角（边说边用手指指着）都剪下来……

生：不对！

师：为什么不对？

生：我们开始也是这样剪的，后来发现这样剪就找不到原来的角，因此，先要在原来的角上做一个记号（举起自己已剪下的角），这样就不会搞错了。

生：我们也是这样做的，我们把剪下来的三个角拼起来后，发现不用再量了。

师：为什么不用再量了？

生：因为他们拼成了 180 度。

师：你怎么知道它们拼成了 180 度？

生：因为它们是一条直线。

师：你们怎么证明它们是一条直线？能不能上来做给大家看？

（生走上讲台，在实物投影仪上拼角，然后将一把直尺放在拼完角的一条直线下面）

生：这个角就是 180 度。

师：因为这个角是——

生：一个平角。

师：还有哪一个小组也愿意上来将你们的探究演示给大家看？

……

师：现在我们又发现了什么？

生：三角形的三个角……

师：（打断）称作三角形的什么角？

生：三角形的三个内角加起来后，大小是一样的，都是 180 度。

……

（在学生观察和实验并初步得到结果的基础上，教师也采用了"撕、拼"三角形的三个角的操作，同样也得到了三角形的内角和是 180 度的结果。接着，教师进一步组织学生对结果进行归纳和概括，从而得出了正确的结论）

上面两个教学片段，为同一教学内容，两位教师都在有意识地带领学生进行探究学习，并希望在探究学习的过程中激发起学生探究的欲望，发挥学生的自主性，培养学生的探究能力。但良好的初衷未必都有完美的结果。探究学习作为一种新的学习方式被引入中国时间并不长，因此，实践中的种种现象，其成因与教育者的主观认识相关，也与教学实践中的客观环境相关联。

1. 探究学习过程与科学探究过程的区别

在教学中，有人将探究学习过程与科学探究过程等同起来，按科学探究的步骤机械地设计探究学习过程。这种做法一方面缩小了探究学习的内涵，另一方面也阻碍了教师指导作用的发挥。

《美国国家科学教育标准》中对科学探究是这样表述的：科学探究指的是科学家们用来研究自然界并根据研究所获事实证据作出解释的各种方式；科学探究也指的是学生构建知识、形成科学概念、领悟科学研究方法的各种活动。

虽然这个定义将科学家的研究活动和学生的探究学习活动归之于"科学探究"之下，但科学家和学生所进行的探究是应该有本质的区别的。

第一，探究目的不同。科学探究的对象主要是自然现象，将解释自然作为主要目标；而学生在探究活动中，不仅是为了获得某个解释，得到一些新的知识，更重要的是，要领悟一些科学研究的方法，促进批判性思维能力的发展。

第二，问题来源不同。科学探究的问题往往来自于学科前沿，而探究学习的问题则来自于学生的实际生活。

第三，探究过程不同。就探究过程来讲，科学探究有相对固定的活动过程，如形成问题、提出假设、制订研究方案、检验假设、得出结论等。而在学校所进行的探究学习是学生积极自主投身学习的方式，必须满足学生在短时期内学到学科的基本知识，所以这个过程相对于科学探究来说，在许多情况下都要被简化。

第四，探究条件不同。作为探究主体的学生，是在教师的指导下进行探究活动。在探究学习过程中，教师要根据教学实际调整自己的角色，为学生提供真正的帮助。

2. 探究学习的过程是否比结果更重要

探究学习对过程的强调使许多研究者、教师误认为探究学习就是"过程教育"。在这种"重过程，轻结果"的观点影响之下，很多研究者、教师将淡化知识、淡化结论理解为探究学习的理念或特点。在他们看来，能力比知识更重要，过程比结果更重要。事实上，探究始于问题，而在观察现象及形成问题时，肯定是要受到一定观点或理论的支配。因此，任何探究活动都离不开先前探究的结果，离不开先前所学的知识、理论的支撑，要以其所得出的知识为基础、为指导。传统方法重知识习得，而不管知识如何获得，同时对知识的认知也不完全，过多强调陈述性知识的授受，而忽略程序性知识的学习，结果使那些本来十分重要的知识化为干瘪的结论，这样的教学自然就谈不上发展学生的能力。提倡探究学习就是要让学生学到更有价值的知识，从这个意义上说，探究学习对过程的强调是为了更好地服务学习结果。

把探究学习过程看得比结果更重要，实际上是将探究学习形式化的表现，学生并没有从探究过程中获得知识、形成能力、陶冶精神。

探究学习形式化往往还体现为另一种极端现象：进行探究学习时过分强调结果，强调客观知识的授受，虽然有提出问题、假设、验证等环节，但一切都按照事先预定的方向发展，学生在学习过程中不能充分发挥主体性、创造性，探究学习所要培养的独立思考、勇于创新等品质便无从说起了。

因此，探究学习并不是重过程而轻结果的学习方式，它要求的是把结论和过程统一起来，强调的是学生经历过困惑、假设、思考、探索、验证、解惑等一系列的过程后得出结论。

探究学习是以问题为中心的学习，但在充满问题的教学中学生却未必在进行探究学习。在新课程理念渐渐为广大教师熟悉并接受的背景下，课堂实践中开始大量运用"探究"一词，以至于课堂中随时进行的思考都冠以"探究"之名，"让我们来探究一下这个问题"之类的教学语言比比皆是。在充满问题的课堂中，学生就一定在进行探究学习吗？"探究一下这个问题"便是进行探究学习吗？探究学习与课堂中的这些"探究"有无区别？如果有，在课堂中进行什么样的分析与思考才能算是探究？探究学习中的问题具有哪些特点？这些都是需要考虑的。

3."探究"在教学实践中的泛化

结合教学实践加以考察，会发现，大多数情况下所使用的"探究"一词，其意义事实上等同于传统课堂上的"思考"一词，而"思考"和"探究"是两个不同的概念。前者是某一个要完成的动作的命令、指示，它的持续时间可长可短，更多地与思辨性活动相联系；后者为一种学习方式，是在一个更长时间、更大空间内的一个活动过程，探究中有思考，但也需要更多的实践操作。而且，作为一种学习方式，它有着相对固定而完整的步骤和操作程序。

三、探究学习法的优化策略

一般而言，探究学习包括选择探究问题、提出假设、收集信息、验证假设、形成结论等环节，下面将就每个环节的优化可以利用的策略加以介绍说明。

1. 选择探究问题

并不是所有的问题都适合拿来探究，或者是都适合在课堂上由学生来探究。在选择探究问题时，教师要根据学生的学情，选择具有开放性、真实性、实践性的问题，激发学生的探究兴趣和热情。同时，要考虑探究的时间长短。

2. 提出假设

从情境中确定了所要探究的问题后，接下来学生便要根据已有的知识、技能对问题进行思考、推断，作出初步的假设。在这个过程中，教师可以提醒学生：[1]

（1）权衡各种相关的事实和迹象。

（2）进行逻辑推论。

（3）展示各种合理的关系。

（4）辨别组成部分、特性、关系及其模式、主要的观念。

（5）建立暂时性的概括的观点。

（6）陈述产生预测结果的条件。

---

① 钟启泉．研究性学习案例解析［M］．上海：上海教育出版社，2003.65.

（7）用其他的数据来检验暂时性的观点，或者明确检验假说所需要的数据和信息收集过程。

3. 收集信息与验证假设

在确定探究学习的问题时，教师已经考虑过整个学习活动需要哪些资源的支持，当学生真正开始开展调查活动、收集信息、验证其假设时，会因为年龄特征、知识能力、思维水平等限制，需要教师提供多方面的帮助。

对于各种信息、资源的收集、整理，教师可以从以下几方面加以考虑：

（1）学生是否了解各种信息渠道。在学生刚刚接触探究学习时，他们获得信息的渠道往往非常单一，更多的是依赖于书本，或求教于身边的人。让学生接触、了解并帮助他们利用包括网络、报刊、百科全书、专业文献以及社区、科学团体、政府（民间）机构等信息获取渠道，尤为重要。

（2）学生是否拥有运用各种媒介的技能。这些技能包括与人交往的技能以及利用网络、各种数码设备、实验仪器等技能。在学生开始利用各种资源之前，教师应该了解学生对这些技能的掌握情况，能根据他们的需要，及时地给予帮助。

（3）学生是否拥有评价信息的能力。评价信息的能力是指学生能够确定自己所收集到的信息是否对验证自己的假设有用，信息来源是否真实可靠，信息是否专业等。收集信息的过程中，教师可以运用图表指导学生对收集的信息进行评价（见下表）。①

---

① 钟启泉．研究性学习案例解析［M］．上海：上海教育出版社，2003．81．

指导学生对收集的信息进行筛选

发现的信息	这一信息与我们原有的知识有关吗？有什么样的关系？	这个信息是否与我们已经发现的信息相同？	这一信息是不是比我们已经发现的信息更具创新性？	这一信息对我们回答问题有帮助吗？有什么样的帮助？
杀虫剂被认为是导致河水中鱼类减少的一个原因。	是的，它为我们提供了人类影响生态平衡的一种生物信息。	是的。	是的，它是最近发现的。	没帮助。我们目前正在寻找的信息是关于自然界和社会中存在的动态平衡现象。

指导学生对收集到的信息进行批判性分析

发现的信息	什么事实能够支持这个陈述？	这个陈述是否已被证明或验证？如何来验证它？	这个信息来源是否向你推荐、兜售某个观点，或劝说你相信？	这个信息源的可靠性如何？

如果进行持续时间长、涉及面广的探究学习活动，对于参加探究学习的学生，特别是年龄较小的学生来说，收集信息、数据以及对假设加以验证这个过程是比较复杂的，教师必须在整个学习的过程中根据学生的实际情况，及时地对学生进行引导、培养。

在调查、实验等活动开展之前，教师还应该和学生一起，制订详尽的学习计划。制订计划时，应该考虑以下方面：

（1）信息查询、实验计划的目的是否明确？

（2）达到目的的途径和方法有哪些？考虑现实条件，这些途径和方法是否都能用上？教师应和学生一起讨论可能遇到的各种干扰，尽可能提出更多的可选方案。

（3）学生之间能否进行有效合作？小组分配是否合理？能否进行有效合作？如何合理组成学习小组并进行合作学习？

（4）每个学生是否都已明确自己的责任？

（5）有无学习时间表？这个时间表上应该包括个人活动、小组汇报交流、集体汇报交流等部分。

4. 形成结论，表达交流

教师应引导学生通过文字描述、数字表格、示意图、曲线图等完成报告，有条件的还可通过摄影、摄像使报告更生动。教师还可以组织各种形式的活动，让学生交流探究的过程和结果，如一般的课堂讨论交流、举办小型报告会、出墙报、办展板、制作网页、在校园网上交流等，这些都可以向家长、校友、学校的来宾展示。大多数学生可能会写一篇叙事或抒情美文，却不会撰写一篇科学报告，这是因为我们的训练不够。而撰写科学报告实际上是对科学探究活动的继续，逻辑论证、严密推理、正确运用科学术语等也是学生通过探究学习所必须掌握的。

有研究者从"形成问题、建立假设、制订研究方案、检验假设、作出结论"五个维度来划分探究教学的开放水平（见下表），并建议教师从水平1做起，等学生有一定基础后再依次尝试更高水平的探究教学，直到学生学会独立地探究学习。[①]

探究学习的类型

	形成问题	建立假设	制订研究方案	检验假设	作出结论
水平1	教师	教师	教师	学生	教师
水平2	教师	教师	教师	学生	学生
水平3	教师	教师	学生	学生	学生
水平4	教师	学生	学生	学生	学生
水平5	学生	学生	学生	学生	学生

---

① 靳玉乐. 探究教学论［M］. 重庆：西南师范大学出版社，2001.65.

这个表大致体现出探究学习中教师逐渐放手让学生独立进行探究的实施步骤，对于我们思考探究学习中教师如何扮演好自己的角色有重要的参考意义。

　　因此，从提出问题到形成结论，教师都可以有所为有所不为，随着学生掌握一定的方法，具备相关知识、技能及思维品质之后，在进行探究学习过程中，教师就应将探究的权利交还给学生，给予他们动脑思考和进行创造性学习的机会。

　　教师应因地制宜，拓展学生探究学习的空间。学生的学习并非只在课堂内发生，为了拓展学生探究学习的空间，教师可以通过寻求家长、社区及更大范围的人力支持，将学生探究学习的空间从课堂内拓展到课堂之外，既能充分利用校外的各种资源，也能使学生在这样的学习活动中学会与人合作，与不同的观念碰撞，学会理解。这样有利于学生形成开放的心态，能够将自己融入团体之中。

参考文献

〔1〕秦积翠. 讲授法研究〔D〕. 西北师范大学，2007.

〔2〕施良方，崔允漷. 教学理论：课堂教学的原理、策略与研究〔M〕. 上海：华东师范大学出版社，1999.

〔3〕陈旭远，张捷. 新课程实用课堂教学艺术〔M〕. 长春：东北师范大学出版社，2004.

〔4〕〔美〕威廉·凯伦，贾尼丝·哈奇森，玛格丽特·伊什勒·博斯. 有效教学决策〔M〕. 李森，王伟虹译. 北京：教育科学出版社，2009.

〔5〕倪光辉. 怀念有板书的课堂〔N〕. 人民日报，2010-6-25.

〔6〕沈龙明. 中小学课堂教学艺术（修订版）〔M〕. 北京：高等教育出版社，2004.

〔7〕邱学华. 小学数学教学基本功训练〔M〕. 北京：教育科学出版社，2001.

〔8〕李秉德. 教学论〔M〕. 北京：人民教育出版社，2003.

〔9〕李采. 高中英语课堂提问类型的调查分析〔D〕. 东北师范大学，2009.

〔10〕杨旭. 高中英语课堂提问存在的主要问题和对策研究〔D〕. 东北师范大学，2009.

〔11〕〔美〕加里·D. 鲍里奇. 有效教学方法〔M〕. 易东平译. 南京：江苏教育出版社，2002.

〔12〕〔美〕穆尔. 中学教学方法〔M〕. 陈晓霞，李剑鲁等译. 北京：中国轻工业出版社，2005.

〔13〕郑桂华.听郑桂华老师讲课〔M〕.上海：华东师范大学出版社，2007.

〔14〕刘立新.对历史讨论教学的探讨〔J〕.教学研究，2003，（1）.

〔15〕郑金洲.教学方法应用指导〔M〕.上海：华东师范大学出版社，2006.

〔16〕晁玉玲.高中思想政治课讨论法教学的实践研究〔D〕.上海师范大学，2010.

〔17〕余文森，林高明.经典教学法50例〔M〕.福州：福建教育出版社，2010.

〔18〕陈清容.为数学合作学习选准内容〔J〕.人民教育，2004，（5）.

〔19〕高向斌.美国一项合作学习实验研究评价〔J〕.外国中小学教育，2001，（1）.

〔20〕〔美〕丹尼尔斯等.最佳课堂教学案例：六种模式的总结与应用〔M〕.余艳译.北京：中国轻工业出版社，2004.

〔21〕〔美〕理查德·I.阿兰兹.丛立新等译.学会教学〔M〕.上海：华东师范大学出版社，2007.

〔22〕徐蓓春.语文课堂讨论的最优化策略〔J〕.语文学刊，2002，（1）.

〔23〕施良方.学习论〔M〕.北京：人民教育出版社，2003.

〔24〕彭聃龄.普通心理学〔M〕.北京：北京师范大学出版社，1988.

〔25〕〔美〕保罗·R.伯顿，戴维·M.伯德.有效的教学方法〔M〕.盛群力，胡平洲，闫蔚等译.杭州：浙江教育出版社，2008.

〔26〕李增道.课尾练习设计赏析〔J〕.教学月刊（小学版），2002，（8）.

〔27〕约翰·D.布鲁斯科特，安·L.布朗，罗德尼·R.科金等.人是如何学习的〔M〕.程可拉，孙亚玲，王旭卿译.上海：华东师范大学出版社，2002.

〔28〕童富勇.浙派名师课堂教学实录与反思（小学卷）〔M〕.杭州：浙江大学出版社，2008.

〔29〕钟启泉.研究性学习案例解析〔M〕.上海：上海教育出版社，2003.

〔30〕孙军业.案例教学〔M〕.天津：天津教育出版社，2004.

〔31〕刘吉林，王坦.合作学习基本策略〔J〕.中小学教材教学，2004，（6）.

〔32〕〔美〕芭芭拉·G.戴维斯.教学方法手册〔M〕.严慧仙译.杭州：浙江大学出版社，2006.

〔33〕施蔓婷.小组合作学习评价探索——以英语课本剧表演为例〔J〕.全球教育展望，2010，（2）.

〔34〕余文森，林高明，陈世滨.有效教学的案例与故事〔M〕.福州：福建教育出版社，2008.

〔35〕靳玉乐.探究教学论〔M〕.重庆：西南师范大学出版社，2001.

《名师工程》系列丛书

征 稿 启 事

《名师工程》系列丛书是西南师范大学出版社策划、组织出版的大型系列教育丛书。丛书以新课程下的新教学为背景，以促进施教者的教育能力为落脚点，以提高教育质量、提升教师水平为宗旨。

丛书首批推出的"名师讲述""教学提升""教学新突破""高中新课程""教师成长""大师讲坛""教育细节""创新语文教学""教育管理力""教师修炼""创新数学教学""教育通识""教育心理""创新课堂""思想者""名师名课""幼师提升""优化教学""教研提升""名校长核心思想系列""名校工程""高效课堂""班主任专业化"等系列，共130多个品种，其余系列也将陆续出版。为了让广大教师有一个交流、借鉴的机会，同时也为了给广大教师提供更多、更好的图书，《名师工程》系列丛书编辑出版委员会特向全国教育工作者征集稿件。

稿件要求：

1.主题鲜明、新颖，有独创性。

2.主题以提升教育能力为主，也可适当外延。

3.主题要有一定规模、有典型案例支撑。

4.案例要贴近教育实际，操作性强。

5.文章、书稿结构清晰，语言精彩。

书稿作者在选题确定之后，请及时与我们做好沟通，具体事宜确定好之后再进行创作；也欢迎用已经完稿的稿件投稿。一线教师如希望参与图书案例的创作，可联系我社策划机构，由策划机构备案，在适合的图书中参与创作。

真诚欢迎各位教师踊跃投稿。

联系方式：

西南师范大学出版社高教分社

电话：023-68254356   E-mail：zcj@swu.cn

西南师范大学出版社高教分社北京策划部

电话：010-68403096

E-mail：guodejun1973@163.com

西南师范大学出版社
《名师工程》系列丛书目录

系列	序号	书　名	主编	定价
班主任专业化系列	1	《班主任专业化成长策略》	杨连山	30.00
	2	《班级活动创新与问题应对》	杨连山　杨照　张国良	30.00
	3	《班集体建设与创新人才培养》	李国汉	30.00
	4	《神奇的教育场——打造特色班级文化创新艺术》	李德善	30.00
优化教学系列	5	《高效教学组织的优化策略》	赵雪霞	30.00
	6	《高效教学方法的优化策略》	任　辉	30.00
	7	《高效教学过程的优化策略》	韩　锋	30.00
	8	《让教学更生动——激发兴趣让学生快乐认知》	朱良才	30.00
	9	《让教学更高效——策略创新让教学事半功倍》	孙朝仁	30.00
	10	《让教学更开放——拓展延伸让学生触类旁通》	焦祖卿　吕　勤	30.00
	11	《让教学更生活——体验运用让学生内化知识》	强光峰	30.00
	12	《让知识更系统——整合与概括让学生建构体系》	杨向谊	30.00
	13	《让思维更创新——思辨与发散让学生思维活跃》	朱良才	30.00
教师成长系列	14	《做会研究的教师》	姚小明	30.00
	15	《学学名师那些事》	孙志毅	30.00
	16	《给新教师的建议》	李镇西	30.00
	17	《教师心灵读本：成为有思想的教师》	肖　川	30.00
	18	《教师心灵读本：教师，做反思的实践者》	肖　川	30.00
名校系列	19	《让每个生命都精彩——生命教育校本实践策略》	王鹏飞	30.00
	20	《好学校，从关注每个学生开始——石梅小学优质教育多元感悟》	顾　泳　张文质	30.00
创新语文教学系列	21	《曹洪彪新概念快速作文》	曹洪彪	30.00
	22	《小学语文：享受对话教学》	孙建锋	30.00
	23	《小学语文：名师教学目标落实艺术》	刘海涛　王林发	30.00
	24	《小学语文：名师魅力教学设计艺术》	刘海涛　王林发	30.00
	25	《小学语文：名师魅力课堂激趣艺术》	刘海涛　豆海湛	30.00
	26	《小学语文：单元整体教学构建艺术》	李怀源	30.00
	27	《小学作文：名师情趣课堂创设艺术》	张化万	30.00
思想者系列	28	《心根课堂——让教育随学生心灵起舞》	刘云生	30.00
	29	《做一个纯粹的教师》	许丽芬	26.00
	30	《率性教书》	夏　昆	26.00
	31	《为爱教书》	马一舜	26.00
	32	《课堂，诗意还在》	赵赵（赵克芳）	26.00
	33	《今日教育之民间立场》	子虚（扈永进）	30.00
	34	《教育，细节的深度反思》	许传利	30.00
	35	《追寻教育的真谛——许锡良教育思考录》	许锡良	30.00

系列	序号	书　名	主编	定价
创新课堂系列	36	《个性化课堂教学艺术：小学语文》	商德远	30.00
	37	《如何实现三维目标——让学生与文本共鸣的诵读教学》	张连元	30.00
	38	《想说　会说　有话可说——突破作文瓶颈的三维教学法》	杨和平	30.00
	39	《综合课的整合创新教学》	周辉兵	30.00
	40	《如何打造学生喜欢的音乐课堂》	张娟	30.00
	41	《理想课堂的构建与实施——一个教研员眼中的理想课堂》	张玉彬	30.00
	42	《小学语文：决定教学质量的关键策略》	李楠	30.00
	43	《用〈论语〉思想提升数学教育智慧》	胡爱民	30.00
	44	《童化作文——浸润儿童心灵的作文教学》	吴勇	30.00
高效课堂系列	45	《用什么提高课堂效率——有效数学课必须关注的10大要素》	赵红婷	30.00
	46	《让作文更轻松——小学作文高效教学36锦囊》	李素环	30.00
	47	《让研究性学习更高效——研究性学习施教指导策略》	欧阳仁宣	30.00
	48	《让母语融入学生心灵——提升学生语文素养的高效施教艺术》	黄桂林	30.00
教研提升系列	49	《教师怎样做小课题研究——高效助力教师专业化成长》	徐世贵　刘恒贺	30.00
	50	《今天我们应怎样评课》	张文质　陈海滨	30.00
	51	《今天我们应怎样进行教学反思》	张文质　刘永席	30.00
	52	《一节好课需要的教育智慧》	张文质　姚春杰	30.00
名校长核心思想系列	53	《做一个智慧的校长》	孙世杰	30.00
	54	《成为有思想的校长》	赵艳然	30.00
幼师提升系列	55	《全国优秀幼儿健康教育活动课例评析》	教育部教育管理信息中心	30.00
	56	《全国优秀幼儿艺术教育活动课例评析》	教育部教育管理信息中心	30.00
	57	《全国优秀幼儿社会教育活动课例评析》	教育部教育管理信息中心	30.00
	58	《全国优秀幼儿语言教育活动课例评析》	教育部教育管理信息中心	30.00
	59	《全国优秀幼儿科学教育活动课例评析》	教育部教育管理信息中心	30.00
名师名课系列	60	《名师如何炼就名课》（美术卷）	李力加	35.00
教师修炼系列	61	《班主任工作行为八项修炼》	杨连山	30.00
	62	《教师心理健康六项修炼》	李慧生	30.00
	63	《教师专业化五项修炼》	杨连山　田福安	30.00
	64	《课堂教学素养五项修炼》	刘金生　霍克林	30.00
	65	《高效教学技能十项修炼》	欧阳芬　诸葛彪	30.00
	66	《教师新师德六项修炼》	王毓珣　王颖	30.00
数学教学创新系列	67	《小学数学：名师教学目标落实艺术》	余文森	30.00
	68	《小学数学：名师高效教学设计艺术》	余文森	30.00
	69	《小学数学：名师易错问题针对教学》	余文森	30.00
	70	《小学数学：名师魅力课堂激趣艺术》	余文森	30.00
	71	《小学数学：名师同课异教》	林高明　陈燕香	30.00
	72	《小学数学：名师抽象问题艺术教学》	余文森	30.00

系列	序号	书　　　名	主编	定价
教育通识系列	73	《用心做教师——青年教师快速成长的十大定律》	王福强	30.00
	74	《做最受学生欢迎的老师》	赵馨　许俊仪	30.00
	75	《做有策略的校长——经典寓言与学校管理智慧》	宋运来	30.00
	76	《做有策略的教师——经典故事中的教育启示》	孙志毅	30.00
	77	《从学生那里学教书》	严育洪	30.00
	78	《突破平庸——提升教育质量的31个跳板》	严育洪	30.00
	79	《教育，诗意地栖居》	朱华忠	30.00
	80	《好班规打造好班级》	赵凯	30.00
	81	《做学生成长的引领者——学生终身成长的素质培养》	田祥珍	30.00
	82	《如何管出好班级——突破班级管理的四大瓶颈》	刘令军	30.00
	83	《青春期性教育教师实用手册》	闵乐夫	30.00
教育细节系列	84	《名师最具渲染力的口才细节》	高万祥	30.00
	85	《名师最有效的沟通细节》	李燕　徐波	30.00
	86	《名师最有效的激励细节》	张利　李波	30.00
	87	《名师培养学生好习惯的高效细节》	李文娟　郭香萍	30.00
	88	《名师人格教育的经典细节》	齐欣	30.00
	89	《名师营造课堂氛围的经典细节》	高帆　李秀华	30.00
	90	《名师最有效的赏识教育细节》	李慧军	30.00
	91	《名师最有效的批评细节》	沈旎	30.00
教育管理力系列	92	《名校激励管理促进力》	周兵	30.00
	93	《名校安全管理执行力》	袁先激	30.00
	94	《名校师资团队建设力》	赵圣华	30.00
	95	《名校危机管理应对力》	李明汉	30.00
	96	《名校校本研究创新力》	李春华	30.00
	97	《学校文化力建设策略》	袁先激	30.00
	98	《名校长核心教育力》	陶继新	30.00
	99	《名校长高绩效领导力》	周辉兵	30.00
	100	《名校行政管理细节力》	杨少春	30.00
	101	《名校教学管理提升力》	张韬　戴诗银	30.00
	102	《名校学生管理教导力》	田福安	30.00
	103	《名校校园文化构建力》	岳春峰	30.00
教育心理系列	104	《做最好的心理导师——中学生心理健康咨询手册》	杨东	30.00
	105	《每天学点教育心理学》	石国兴　白晋荣	30.00
	106	《学生心理拓展训练与指导》	徐岳敏	30.00
	107	《好心态成就好学生——学生心理问题剖析与对症教育》	李韦遴	30.00
大师讲坛系列	108	《大师谈教育心理》	肖川	30.00
	109	《大师谈教育激励》	肖川	30.00
	110	《大师谈教育沟通》	王斌兴　吴杰明	30.00
	111	《大师谈启蒙教育》	周宏	30.00
	112	《大师谈教育管理》	樊雁	30.00
	113	《大师谈儿童人格塑造》	齐欣	30.00
	114	《大师谈儿童习惯培养》	唐西胜	30.00
	115	《大师谈儿童能力培养》	张启福	30.00
	116	《大师谈早恋与性教育》	闵乐夫	30.00
	117	《大师谈儿童情感教育》	张光林　张静	30.00

系列	序号	书　　　名	主编	定价
高中新课程系列	118	《高中新课程：教师角色转变细节》	缪水娟	30.00
	119	《高中新课程：班主任新兵法细节》	李国汉　杨连山	30.00
	120	《高中新课程：教学管理创新细节》	陈　文	30.00
	121	《高中新课程：更有效的评价细节》	李淑华	30.00
教学新突破系列	122	《把教学目标落实到位——名师优质课堂的效率管理》	冯增俊	30.00
	123	《拿什么调动学生——名师生态课堂的情绪管理》	胡　涛	30.00
	124	《零距离施教——名师和谐师生关系的构建艺术》	贺　斌	30.00
	125	《一个都不能落——名师提升学困生的针对教学》	侯一波	30.00
	126	《让学习变得更轻松——名师最能吸引学生的情境设计》	施建平	30.00
	127	《让知识变得更易学——名师改造难学知识的优化艺术》	周维强	30.00
教学提升系列	128	《方法总比问题多——名师转变棘手学生的施教艺术》	杨志军	30.00
	129	《用特色吸引学生——名师最受欢迎的特色教学艺术》	卞金祥	30.00
	130	《让学生爱上课堂——名师高效课堂的引导艺术》	邓　涛	30.00
	131	《拿什么打开思路——名师最吸引学生的课堂切入点》	马友文	30.00
	132	《没有记不牢的知识——名师最能提升学生记忆效果的秘诀》	谢定兰	30.00
	133	《让学生的思维活起来——名师最激发潜能的课堂提问艺术》	严永金	30.00
名师讲述系列	134	《施教先施爱——名师讲述班主任的核心教导力》	杨连山　魏永田	30.00
	135	《在欢乐中成长——名师讲述最具活力的课堂愉快教学》	王斌兴	30.00
	136	《让学生做自己的老师——名师讲述如何提升学生自主学习能力》	徐学福　房慧	30.00
	137	《引领学生高效学习——名师讲述如何提高学生课堂学习效率》	刘世斌	30.00
	138	《教育从心灵开始——名师讲述最能感动学生的心灵教育》	张文质	30.00